Mercado de Capitais

2ª edição

inter
saberes

Cleverson Luiz Pereira

Mercado de Capitais

inter saberes

Rua Clara Vendramin, 58 . Mossunguê
CEP 81200-170 . Curitiba . PR . Brasil
Fone: (41) 2106-4170
www.intersaberes.com
editora@intersaberes.com

Conselho editorial
> Dr. Alexandre Coutinho Pagliarini
> Dr.ª Elena Godoy
> Dr. Neri dos Santos
> M.ª Maria Lúcia Prado Sabatella

editora-chefe > Lindsay Azambuja

gerente editorial > Ariadne Nunes Wenger

assistente editorial > Daniela Viroli Pereira Pinto

edição de texto > Monique Francis Fagundes Gonçalves

Capa > Charles L. da Silva (*design*)
> MMD Creative/Shutterstock (imagem)

Projeto gráfico > Raphael Bernadelli

Dados Internacionais de Catalogação na Publicação (CIP)
(Câmara Brasileira do Livro, SP, Brasil)

Pereira, Cleverson Luiz
    Mercado de capitais / Cleverson Luiz Pereira. -- 2. ed.
-- Curitiba, PR : Intersaberes, 2023.

    Bibliografia
    ISBN 978-85-227-0526-9

    1. Fundos de investimento 2. Mercado de capitais –
Leis e legislação 3. Mercado financeiro – Brasil I. Título.

23-147537   CDU-35.076:336.76(81)

Índice para catálogo sistemático:
1. Brasil : Mercado de capitais : Direito Administrativo
35.076:336.76(81)

Aline Graziele Benitez – Bibliotecária – CRB-1/3129

1ª edição, 2013.
2ª edição, 2023.
Foi feito o depósito legal.

Informamos que é de inteira responsabilidade do autor a emissão de conceitos.

Nenhuma parte desta publicação poderá ser reproduzida por qualquer meio ou forma sem a prévia autorização da Editora InterSaberes.

A violação dos direitos autorais é crime estabelecido na Lei nº 9.610/1998 e punido pelo art. 184 do Código Penal.

Sumário

dedicatória[7]

agradecimentos[9]

apresentação[10]

Como aproveitar ao máximo este livro[14]

parte I – canal financeiro[17]

1 a economia e o mercado financeiro[18]

2 sistema financeiro nacional e internacional[56]

parte II – canal de bolsas de valores[79]

3 mercado de capitais[80]

4 mercado de derivativos[104]

5 operando em bolsas de valores[124]

parte III – canal de gestão de riscos e análise de investimentos[137]

6 gerenciamento de riscos[138]

7 análise de investimentos em ações[158]

estudo de caso 175
para concluir... 177
referências 178
respostas 186
Sobre o autor 193

dedicatória

Dedico esta obra aos meus pais, Aparecido Pereira e Eva da Silva Pereira, que foram os responsáveis em me proporcionar o privilégio da vida; à minha esposa, Sirlene Barbosa Pereira, que é a facilitadora do meu crescimento como pessoa; e à minha avó querida, Ana Xavier da Silva, que me ilumina diariamente lá do céu.

agradecimentos

Agradeço, primeiramente, a Deus, pela oportunidade de viver; aos professores Adilson Lombardo, Rafael Borim e Edelclayton, por acreditarem no meu trabalho e na minha capacidade de produzir esta obra; e ao Grupo Educacional Uninter, por estar a cada dia abrindo portas ao meu crescimento profissional como docente.

apresentação

O **mercado de capitais** é considerado, por todas as entidades envolvidas no seu funcionamento, um setor fundamental para a expansão dos países.

Para você que deseja conhecer e entender a dinâmica desse mercado (ou da bolsa de valores, mais especificamente) e investir seus recursos, aqui está um livro que lhe proporcionará conhecimentos fundamentais, que serão capazes de torná-lo um analista do mercado de capitais.

Este livro busca demonstrar de maneira objetiva os conceitos fundamentais do funcionamento das bolsas de valores e da sistemática operacional dos papéis e títulos comercializados no mercado de capitais – além de proporcionar a compreensão do ambiente financeiro do qual o referido mercado faz parte.

Quando você entra em um ambiente no qual funciona uma bolsa de valores, é preciso conhecer as oscilações e variações de comportamento que os papéis e títulos de valores mobiliários, ou seja, ativos comercializados nas bolsas, apresentam no mercado acionário. Para isso, abordaremos sistemas de gerenciamento de riscos e a análise de investimentos para decidir na escolha da melhor opção.

A verdade é que a maioria das pessoas que desejam investir suas economias no mercado de ações visualiza-o como um cassino, no qual a sorte é fundamental para atingir ganhos. Por causa disso, muitos optam pelo meio de investimentos mais seguro e mais comum: a poupança.

A falta de informação sempre foi um obstáculo para os investidores do mercado acionário, uma vez que, somente a partir dos meados de 2000, as bolsas brasileiras começaram a receber um número maior de interessados em investir na modalidade de papéis com renda variável.

Você, leitor, descobrirá nesta obra que a **informação** é o segredo para atingir sucesso no mercado de capitais. Assim, esta obra foi dividida em três partes.

Na Parte I, o tema que dá título a essa primeira parte, "Canal financeiro", será desenvolvido nos capítulos 1 e 2, mostrando ao leitor como os recursos da economia de um país são canalizados por meio da circulação da moeda, do acesso ao crédito, da conversão da moeda local em relação às estrangeiras e do fomento de empresas Sociedades Anônimas (S.A.) que injetam recursos no mercado financeiro por intermédio da compra e venda de papéis de valores mobiliários negociados no mercado de capitais.

O tema "Canal de bolsas de valores" será desenvolvido na Parte II, mais precisamente nos capítulos 3, 4 e 5, que apresentam ao leitor os meios pelos quais os negócios que envolvem papéis com valores mobiliários e mercadorias (como *commodities*) são canalizados, com o propósito de auxiliar os investidores a potencializarem seus ganhos e de contribuir para o crescimento econômico da empresa emissora do papel e do país, que usufrui da captação de recursos pela empresa e libera caminho para negociação das riquezas produzidas e extraídas (como a soja, o ouro e o petróleo).

Nos capítulos 6 e 7, que compõem a Parte III, "Canal de gestão de riscos e análise de investimentos", serão mostradas ferramentas capazes de proporcionar um controle eficiente na busca pela minimização dos efeitos corrosivos de riscos que são inerentes a um determinado papel ou investimento, o que auxilia também a manter uma visão racional na hora de decidir qual papel mobiliário ou tipo de investimento em ativos deve ser escolhido, fundamentando-se em parâmetros básicos que devem ser analisados sempre que houver investimento em qualquer tipo de aplicação financeira ou bem patrimonial.

O mercado de capitais vem crescendo exponencialmente, principalmente no Brasil, pois o mundo atual vive em torno das expectativas da geração de resultados e dos negócios em bolsas de valores. Saber o que está acontecendo nas bolsas de valores em todo o mundo virou necessidade fundamental para administrar as empresas e a vida financeira das pessoas, uma vez que todos dependemos do crescimento econômico do país em que vivemos para que possamos atingir estabilidade e prosperidade na vida pessoal e profissional. As bolsas de valores são entidades fundamentais nesse processo, pois são responsáveis por proporcionar segurança e confiabilidade aos ambientes em que acontecem encontros entre potenciais compradores e potenciais vendedores de títulos e papéis com valores mobiliários.

Outro ponto fascinante que nos leva a estudar o mercado de capitais é podermos, por meio desse conhecimento, entender também o funcionamento do mercado de ações, que fomenta diversos grupos econômicos que têm recursos e potencial produtivo, favorecendo as políticas econômicas praticadas em diversas nações. Uma ação representa a menor fração do capital social de uma empresa Sociedade Anônima (S.A.) e, na bolsa de valores, ganha representatividade lucrativa e gera valorização da marca da empresa. Companhias desse tipo podem usar os recursos captados com a emissão das ações para investir na sua própria expansão, na aquisição de novas tecnologias, no desenvolvimento de projetos ambientais e sociais e na geração de mais empregos.

Assim, este livro pretende demonstrar que não basta apenas analisar os papéis e comprá-los; é preciso conhecer a estrutura de gestão da empresa que está comercializando o título no mercado e saber quais são suas condições financeiras, quem são os indivíduos que fazem parte da direção executiva, quais são os projetos e orçamentos que a organização dispõem etc. Para isso, estudaremos o conceito de práticas da governança corporativa nas empresas e o sistema de classificação desenvolvido pela Bolsa de Valores de São Paulo ([B][3]).

Estudar o mercado de capitais possibilita que, antes de investir, você pense sobre: o ambiente operacional e suas ferramentas; as regras estabelecidas pelo mercado; o comportamento do papel mobiliário e do cedente emissor; a exposição a riscos; o momento em que se decide qual é a melhor opção para investimento.

O objetivo da presente obra é levar a você conhecimentos significativos, capazes de suprir a necessidade de informações para começar a investir nos papéis e títulos de valores mobiliários do mercado de capitais e criar uma visão analista em suas decisões de investimentos.

Como aproveitar ao máximo este livro

Este livro traz alguns recursos que visam enriquecer o seu aprendizado, facilitar a compreensão dos conteúdos e tornar a leitura mais dinâmica. São ferramentas projetadas de acordo com a natureza dos temas que vamos examinar. Veja a seguir como esses recursos se encontram distribuídos no decorrer desta obra.

Logo na abertura do capítulo, você fica conhecendo os conteúdos que nele serão abordados. »

Você também é informado a respeito das competências que irá desenvolver e dos conhecimentos que irá adquirir com o estudo do capítulo. »

Você dispõe, ao final do capítulo, de uma síntese que traz os principais conceitos nele abordados. »

« A obra conta também com exercícios seguidos da resolução feita pelo próprio autor, com o objetivo de demonstrar, na prática, a aplicação dos conceitos examinados.

« Com estas atividades, você tem a possibilidade de rever os principais conceitos analisados. Ao final do livro, o autor disponibiliza as respostas às questões, a fim de que você possa verificar como está sua aprendizagem.

« Esta seção traz ao seu conhecimento situações que vão aproximar os conteúdos estudados de sua prática profissional.

parte I
canal financeiro

1

a economia e o
mercado financeiro

conteúdos do capítulo

> Atividade econômica.
> A moeda na economia.
> Intermediação financeira.
> Regime de metas de inflação.
> Políticas de governo.
> Política de rendas.
> O mercado financeiro.

após o estudo deste capítulo, você será capaz de:

1. entender a importância do fator moeda no mercado financeiro, identificar suas funções e compreender como funciona o controle da oferta e demanda por dinheiro;
2. identificar de que maneira o governo utiliza as diretrizes das políticas monetária, fiscal, cambial, de renda e comercial para fomentar e gerenciar a economia financeira do país;
3. identificar o papel do mercado financeiro na economia do país e na vida das pessoas participantes desse mercado, sejam jurídicas, sejam físicas.

Este capítulo apresenta os principais conceitos sobre economia e mercado financeiro, os quais são fundamentais para compreender o funcionamento tanto do mercado de capitais quanto dos indicadores macroeconômicos – como a moeda e seu papel decisivo no desenvolvimento da atividade econômica; a administração da liquidez na economia do país; as políticas econômicas do governo que atuam no mercado financeiro no qual a moeda circula.

Todos os conteúdos que serão abordados neste capítulo exercem influência direta ou indireta no comércio de valores mobiliários, conhecido como mercado de capitais.

1.1 Atividade econômica

A política econômica exerce papel importante no mercado financeiro do qual o mercado de capitais faz parte. Os conceitos macroeconômicos demonstram o fluxo de circulação da renda gerada por uma nação e suas repercussões no mercado de títulos e valores mobiliários.

John Maynard Keynes (Mankiw, 2001), fundador da macroeconomia, demonstrou que as economias capitalistas não tinham capacidade para promover automaticamente o pleno emprego. Assim, Keynes abriu caminho para o uso da política econômica, que, segundo ele, está pautada na criação de sua teoria geral do emprego, juros e moeda.

Para Tebchirani (2008), na economia, os agentes dos sistemas econômicos desenvolvem importante papel na relação entre oferta e demanda; logo, estão divididos em grupos, como:

> **Famílias**: englobam as unidades domésticas, unipessoais e familiares, com ou sem laços de parentesco, empregados ou não, que formam o potencial de recursos para o processamento de atividades produtivas.

> **Empresas**: são os agentes para os quais convergem os recursos disponíveis para a produção. Reúnem as unidades produtoras dos setores primários (agricultura), secundário (indústria) e terciário (serviços). As empresas produzem para atender à necessidade de demanda das famílias.

> **Governo**: é um agente que contrata diretamente o trabalho de unidades familiares e que adquire uma parcela da produção das empresas para proporcionar bens e serviços úteis à sociedade.

> **Setor externo**: apresenta as transações econômicas entre unidades familiares, empresas e governo do país com agentes semelhantes de outros países.

Fonte: Elaborado com base em Pinheiro, citado por Sousa, 2013, p. 9.

> **Bens e serviços** são classificados em:

>> de capital: utilizados na fabricação de outros bens, mas que não se desgastam totalmente no processo produtivo.

>> de consumo: satisfazem diretamente as necessidades humanas. Conforme sua durabilidade, podem ser classificados em: bens de consumo duráveis (automóveis e eletrodomésticos) e bens de consumo não duráveis (alimentação, roupas).

>> Intermediários: são bens que sofrem novas alterações para se tornarem bens de consumo de capital, como o minério de ferro e a soja.

> **Fatores de produção:** são formados por **trabalho**, **terra** e **capital**, os quais definem o potencial produtivo econômico da organização; a utilização correta desse potencial leva à produção de uma infinidade de bens e serviços.

> » Trabalho: todas as pessoas disponíveis para trabalhar, isto é, o potencial de mão de obra no sistema econômico.

> » Terra: são os recursos naturais disponíveis; seu volume depende, entre outros fatores, da evolução tecnológica, do avanço da ocupação territorial e das condições para os transportes.

> » Capital: é o conjunto de riquezas acumuladas pela sociedade (fábricas, edifícios, máquinas, escolas, hospitais, entre outros). É por meio da utilização dessas riquezas que a população se equipa para o exercício das atividades produtivas.

Agora que conhecemos os agentes macroeconômicos, podemos entender que um fluxo circular de renda inicia-se com a participação de dois tipos de agentes: as **famílias**, que são as detentoras dos fatores de consumo, e as **empresas**, que são detentoras dos fatores de produção.

Cada agente na economia pode ser, ao mesmo tempo, ofertador ou consumidor de bens e serviços. Para isso, necessitamos da moeda como um intermediário de trocas, capaz de organizar o fluxo de atendimento entre as famílias e empresas.

1.2 A moeda na economia

A moeda pode ser definida como um conjunto de ativos financeiros de uma economia que os agentes utilizam em suas transações. Não é um bem de consumo ou de investimentos, mas se apresenta como parâmetro principal para o gerenciamento do fluxo monetário na economia de um país.

Segundo Córdoba (1996), podemos distinguir três conceitos de depósitos em relação à aceitação da moeda:

1. **Moeda em efetivo e depósitos à vista ou a prazo:** a moeda não é transformada, pelo menos em sua forma primitiva, em outros bens.

2. **Moeda como depósito de valor:** é aplicada em bens de consumo ou investimentos, fácil ou dificilmente transferíveis, sempre que a atitude do possuidor for de conferir um caráter de investimento temporário a esses bens.

3. **Moeda investida em bens de consumo ou de investimentos:** apresenta essa característica ao investidor e, consequentemente, não tem intenção de se desfazer desses bens em nenhum momento.

Com base no estudo dos conceitos de depósitos da moeda (Córdoba, 1996), podemos agrupá-la em três tipos:

1. **Moedas metálicas:** são emitidas pelo Banco Central e constituem uma parte da oferta monetária, visando facilitar as operações de pequeno valor, unidades fracionárias ou troco.

2. **Papel-moeda:** também é comandado pelo Banco Central e representa a parte significativa do volume de dinheiro que está nas mãos das pessoas.

3. **Moeda escritural:** é representada pelos depósitos à vista, realizados em conta-corrente e em bancos comerciais ou múltiplos.

No seu papel principal, que é servir como instrumento de troca, a moeda tem aceitação em pagamentos diversos, como bens, serviços e ativos de valor. Graças a essa função, a moeda é o principal fator utilizado pelo governo em sua política monetária para fazer o controle dos pagamentos, buscando garantir a liquidez da economia. Outros fatores que caracterizam o valor da moeda como intermediário de trocas são (Córdoba, 1996):

> **Indestrutibilidade:** significa que a moeda deve ser durável, de modo que não seja destruída ou deteriorada com o uso.

> **Inalterabilidade:** é a preservação da moeda contra possíveis processos de falsificação por meio de sistemas de proteção.

> **Homogeneidade:** ressalta a igualdade de duas unidades monetárias distintas, quando comparadas, devendo possuir valores idênticos.

> **Divisibilidade:** é a qualidade que permite que a moeda, possua múltiplos e submúltiplos para que sejam realizadas transações de valores pequenos e grandes sem dificuldades.

> **Transferibilidade:** é a capacidade da moeda em transferir posse e propriedade de uma pessoa para outra.

> **Facilidade no manuseio:** é uma qualidade fundamental da moeda que proporciona flexibilidade no manuseio e transporte aos agentes utilizadores.

Para Cavalcante Filho e Misumi (2001), o Banco Central do Brasil deve atuar na gerência e controle do fluxo de moeda na economia do país. Para isso, é necessário que a moeda desenvolva quatro papéis importantes:

4. **Meio de pagamento:** é a capacidade de diminuir dívidas por meio da liquidez imediata de ativos financeiros. Para quase todas as operações do dia a dia, a moeda, no formato de dinheiro, cheques e cartões de crédito ou débito, é um meio importantíssimo para pagar bens e serviços. Graças a esse uso, ela promove uma maior eficiência econômica,

eliminando grande parte do tempo que era desperdiçado na troca de bens e serviços.

5. **Reserva de valor**: é uma alternativa para acumular riqueza e proteger-se contra uma possível perda do poder de compra no futuro. Quando falamos em acúmulo de riquezas, estamos nos referindo apenas ao indivíduo, e não à sociedade, pois o que determina a riqueza de uma nação é sua produção, e não o montante de moeda existente.

6. **Unidade padrão de conta**: é um instrumento que as pessoas físicas e jurídicas utilizam para demonstrar preços e registrar débitos. Graças à unidade padrão de conta podemos compreender por que os bens e serviços de uma economia têm os seus preços expressos em unidades monetárias.

7. **Intermediário de trocas entre os agentes**: como a economia de um país é sistematizada por um sistema financeiro que atua como intermediário de trocas entre seus agentes, a moeda possui papel econômico importante, pois é aceita pelos agentes na concretização das transações e negociações.

Figura 1.1 – Papel-moeda brasileiro

1.2.1 Oferta de moeda

Diante de tantas funções e papéis desenvolvidos pela moeda no mercado, você deve estar se perguntando: Como a moeda é ofertada? Quem controla essa oferta?

Para Pinheiro (1998), a resposta está na sistemática de distribuição da moeda, alocada em componentes que controlam seu fluxo na economia e, consequentemente, sua oferta, conforme política monetária aplicada pelo Banco Central do Brasil. São eles: moeda 1 (M1), moeda 2 (M2), moeda 3 (M3), moeda 4 (M4) e moeda 5 (M5).

M1 = moeda manual + moeda escritural

Sendo que:

Moeda manual: moedas metálicas e notas em poder do público.

Moeda escritural: depósitos à vista em instituições financeiras.

Os dois componentes de M1 (moeda manual e moeda escritural) correspondem à maior parte dos meios de pagamentos vigentes na economia. Assim, para controlar a oferta de moeda, torna-se necessário que os bancos tenham um controle estrito sobre a própria capacidade de multiplicar moeda por meio dos instrumentos de política monetária (como *Open Market*, compulsório e redesconto), uma vez que os depósitos à vista estão na custódia das instituições financeiras (IF).

M2 = M1 + títulos públicos

Sendo que:

Títulos públicos: são papéis emitidos pelo governo com o propósito de buscar recursos para efetuar o financiamento do déficit orçamentário e a antecipação da receita fiscal. Como exemplo, podemos citar a Letra Financeira do Tesouro (LFT)*.

O componente de moeda denominado M2 é constituído pelos componentes de M1 mais os títulos públicos federais, estaduais e municipais que estão em poder dos indivíduos da sociedade; os títulos públicos do governo são comercializados em leilões, mediante autorização do Ministério da Fazenda.

M3 = M2 + depósitos de poupança
Sendo que:
Depósito de poupança: é a moeda depositada para poupar valores, tendo como objetivo o acúmulo de reserva da mesma.

O terceiro componente de moeda inclui os elementos do M2 mais os depósitos de poupança mantidos em instituições financeiras (IF).

M4 = M3 + depósitos a prazo + letras de câmbio + letras hipotecárias
Sendo que:
Letras de câmbio: são ordens de pagamento, com renda fixada e data de vencimento estabelecidas.

---

* Segundo Pinheiro (1998), a LFT (Letra Financeira do Tesouro) é um título público federal emitido pelo Ministério da Fazenda, com o propósito de a União antecipar receitas fiscais.

As letras hipotecárias são títulos emitidos pelas instituições financeiras autorizadas a conceder créditos hipotecários, como os bancos múltiplos. O quarto componente é formado por M3 somado aos depósitos a prazo, às letras de câmbio e às letras hipotecárias.

M5 = M4 + capacidade aquisitiva dos cartões de crédito
Sendo que:
Capacidade aquisitiva dos cartões de crédito é o total de moeda emitida por meio do sistema conhecido como *dinheiro de plástico* (cartão).

O último componente (M5) é formado por M4 somado à capacidade aquisitiva dos cartões de créditos, que atualmente constituem um importante meio de pagamento. Mesmo os que não são utilizados apresentam um potencial de gasto em função do seu limite alocado.

Conhecendo os tipos de controle do fluxo da oferta de moeda na economia, podemos visualizar a importância que têm as políticas de governo desenvolvidas no país, uma vez que são fundamentais para administrar com eficiência a liquidez do sistema econômico.

Além disso, deve-se atentar ao órgão responsável por controlar a oferta da moeda na economia, que, no Brasil, é o Banco Central (Bacen)*. Essa autarquia é a principal encarregada de gerenciar a moeda na economia do país por meio das IF

---

* As principais ferramentas utilizadas pelo Bacen para controlar a oferta de moeda no mercado econômico brasileiro são os instrumentos de política monetária: *Open Market*, redesconto e depósito compulsório.

e garantir o correto funcionamento dos bancos, principais canalizadores da moeda.

1.2.2 Demanda por moeda

A demanda ou procura por moeda pelo coletivo de uma economia acontece mediante as necessidades que os agentes têm de realizar suas transações financeiras de modo a efetuar pagamentos, reservar e medir valores na economia e intermediar trocas.

Podemos dizer que existem três motivos fundamentais que levam as pessoas a utilizarem a moeda:

1. A necessidade de **realizar transações bancárias** para atender às demandas cotidianas: os indivíduos necessitam manter saldos em caixa e realizar depósitos à vista e, para isso, necessitam ter dinheiro disponível em conta bancária.

2. A necessidade de ter **liquidez**, ou seja, os indivíduos precisam possuir a moeda para efetivar transações em caso de um possível deslocamento.

3. A **realização de especulação**, uma vez que, como a moeda permite a reserva de valor, pode ser usada para acumulação ou especulação mediante fatores que geram segurança ou insegurança na economia.

1.3 Intermediação financeira

A moeda também tem um papel fundamental no mercado financeiro como intermediária de transações entre **agentes ofertadores** e **agentes tomadores**. A intermediação financeira é caracterizada pela ação dos agentes financeiros (bancos) em repassar a moeda captada junto ao agente ofertador para o agente tomador de forma organizada, preservando a liquidez global do Sistema Financeiro Nacional (SFN).

A Figura 1.2 demonstra o principal papel da intermediação financeira.

Figura 1.2 – Intermediação financeira

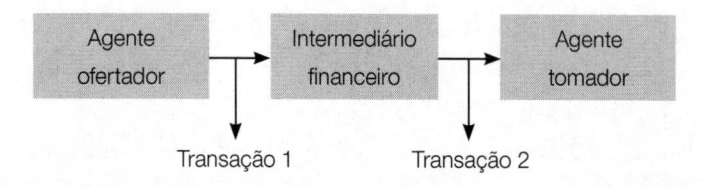

| Agente ofertador | → | Intermediário financeiro | → | Agente tomador |

Transação 1   Transação 2

> **Transação 1**: o agente ofertador, ou superavitário, como também é conhecido, disponibiliza seus recursos em sobra para os intermediários financeiros (bancos) por meio de depósitos à vista, depósitos a prazo e poupança. Como exemplo de agentes ofertadores, temos os poupadores e os investidores em linhas de depósito a prazo, como o Certificado de Depósito Bancário (CDB).

> **Transação 2**: os bancos emprestam, de forma organizada e por meio de linhas de crédito, esses recursos ao agente tomador, ou deficitário, sempre visando à proteção e à liquidez global do SFN. Como exemplo de agentes tomadores, podemos citar as pessoas físicas ou jurídicas que tomam recursos emprestados junto aos bancos.

1.4 Regime de metas de inflação

A principal característica do regime de metas de inflação é o compromisso do Bacen em manter a taxa de inflação em torno de um nível determinado, que seja fundamental para o plano econômico vigente.

A meta de inflação necessária para a economia do país, ano a ano, é determinada pelo Conselho Monetário Nacional (CMN) e, seguindo a hierarquia do SFN, o Bacen deverá cumprir o parâmetro, levando em consideração o Índice de Preço ao Consumidor Amplo (IPCA) para evitar possíveis surtos inflacionários.

Segundo Cavalcante Filho e Misumi (2001), para manter e gerenciar a inflação, o Bacen deve utilizar os instrumentos de práticas de política monetária, sendo eles: *Open Market*, redesconto e depósito compulsório, que conheceremos na sequência do capítulo. Quando é gerenciada, a inflação permite que a economia de um país chegue às estratégias necessárias para o desenvolvimento de seu cenário econômico. Toda economia busca números inflacionários favoráveis ao plano de progresso para a sociedade; por isso, esse indicador pode ser o responsável pela aceleração ou desaceleração de uma economia.

Quando não é controlada, a inflação pode elevar o índice da taxa de desempregados do país, uma vez que o efeito do aumento dos preços pode aumentar os custos de produção dos produtos e serviços que geram o nosso Produto Interno Bruto (PIB), ocasionando demissões em massa. Outro fator agravante é a desaceleração do consumo, pois os efeitos corrosivos na renda diminuem o poder de compra do consumidor. Logo, com o desemprego em alta, os produtos e serviços mais caros e o poder de aquisição dos consumidores reduzido, o país tem dificuldades em gerar recursos para também pagar seus compromissos, prejudicando sua balança de pagamentos.

1.4.1 Programa de metas de inflação

Ao fim de cada ano, o Bacen faz uma avaliação da meta de inflação e, caso esta não fique dentro do parâmetro de tolerância permitido, ele deve prestar justificativas por meio de carta aberta ao CMN, explicando quais foram os fatores econômicos que interferiram no descumprimento da meta.

Ainda na carta aberta de justificativa, o presidente do Bacen deve apresentar o plano estratégico para demonstrar o que será feito no ano seguinte para se atingir os parâmetros da meta, evitando, assim, possíveis desequilíbrios nos preços dos produtos.

Vale ressaltar que inflação administrada e estagnada é sinônimo de um cenário de crescimento para economia. A política monetária desenvolve diretrizes para a gerência e o controle da circulação da moeda no mercado econômico-financeiro. As diretrizes estão fundamentadas em condições de manuseio do dinheiro para que este circule na economia de forma organizada e possa suprir necessidades de déficit e superávit.

No SFN, as regras da política monetária são desenvolvidas pelo CMN e aplicadas e fiscalizadas pelo Bacen.

1.4.2 Particularidades do regime de metas de inflação no Brasil

No Brasil, a meta para a inflação é definida com base na variação do Índice de Preços ao Consumidor Amplo (IPCA), que é calculado pelo Instituto Brasileiro de Geografia e Estatística (IBGE) e utilizado pelo Bacen para acompanhar os objetivos estabelecidos no sistema de metas da inflação.

A população objeto do IPCA são famílias com rendimentos mensais compreendidos entre 1 e 40 salários mínimos, qualquer que seja a fonte de rendimentos, que residam nas áreas urbanas nas seguintes capitais e respectivas regiões metropolitanas: Curitiba, Belém, Belo Horizonte, Distrito Federal, Fortaleza, Goiânia, Porto Alegre, Recife, Rio de Janeiro, Salvador e São Paulo. Segundo o IBGE (2013), isso acontece pelo fato de essas serem as cidades nas quais está concentrado o maior volume de pessoas com capacidade potencial de consumo. A periodicidade do índice é mensal e o período de coleta estende-se, em geral, do primeiro ao último dia do mês de referência.

O fato de existir um indicador de inflação facilita a gerência e o controle do regime de metas inflacionárias, pois com a ajuda desse indicador, é possível analisar as evoluções dos salários nominais da população e, assim, avaliar e observar o poder de aquisição dessas pessoas. Contudo, esse também pode ser um fator corrosivo nas rentabilidades de aplicações financeiras e nos mais diversos tipos de investimentos.

Dentro do SFN, o Bacen dispõe de autonomia operacional, isto é, tem liberdade para fixar a taxa de juros denominada *Selic Meta* e utilizar instrumentos de política monetária para atingir a meta.

1.5 Políticas de governo

As políticas de governo são diretrizes responsáveis por sustentar a evolução de uma economia na qual o papel da autoridade pública é fundamental para a gerência do controle monetário, fiscal, cambial e de geração de renda.

1.5.1 Política monetária

Segundo Cavalcante Filho e Misumi (2001), a política monetária representa as regras direcionadas à gestão e ao controle da circulação da moeda na economia do país e, para isso, utiliza os instrumentos de prática monetária.

A política monetária é utilizada pelo Governo no controle e na administração da moeda e do crédito. As diretrizes contemplam as operações de emissão e controle da moeda e também a organização dos sistemas monetário e bancário, que respondem às necessidades da economia.

Como auxilia no controle e no gerenciamento da moeda, a política monetária possui um papel fundamental na gestão de aspectos como metas inflacionárias do país, expansão econômica, geração de pleno emprego e equilíbrio da balança de pagamentos.

1.5.1.1 Política monetária restritiva

A política monetária restritiva engloba um conjunto de medidas que tendem a reduzir o crescimento da quantidade de moeda em circulação e a encarecer os empréstimos bancários, tendo como principais instrumentos de prática:

> **Aumento no recolhimento compulsório:** apresenta um impacto direto no nível de reservas bancárias. O Governo eleva o percentual exigido de reserva compulsória, reduzindo o efeito multiplicador do dinheiro na economia e, consequentemente, a liquidez desta. A elevação no recolhimento do compulsório representa menos dinheiro para empréstimos nas linhas de créditos bancárias.

> **Assistência financeira de liquidez:** por meio de operações de redesconto, o Bacen empresta dinheiro aos bancos comerciais e múltiplos, com prazo e taxa determinados. Quando o prazo é reduzido e a taxa de juros do empréstimo é aumentada, a taxa de juros da própria economia aumenta, reduzindo, dessa forma, a liquidez.

> **Venda de títulos públicos:** ao vender títulos públicos no sistema bancário, o Bacen retira moeda da economia, que é trocada por títulos. Dessa forma, a circulação de dinheiro é substituída por títulos, restringindo o volume de recursos monetário na economia. O cenário para essa prática de política monetária apresenta a elevação da taxa de juros, ou seja, o dinheiro fica mais caro e pode ocorrer a desaceleração da economia, em face da redução do consumo.

Fonte: Elaborado com base em Moura, 2012, p. 35.

Quadro 1.1 – *Resumo do impacto das diretrizes de política monetária restritiva na economia*

Política monetária restritiva		Efeito na taxa de juros
Open Market	Bacen **vende** títulos públicos – retira dinheiro do mercado, contraindo os meios de pagamento e liquidez da economia.	↑
Redesconto	Prazo **reduzido** e taxa de juros do empréstimo elevada – causa redução na liquidez do sistema.	
Compulsório	Governo **eleva** o percentual exigido de reserva compulsória – reduz o efeito multiplicador e, consequentemente, a liquidez da economia.	

mercado de capitais

1.5.1.2 Política monetária expansiva

Uma política monetária expansiva é formada por medidas que tendem a acelerar a quantidade de moeda em circulação e a baratear os empréstimos, reduzindo as taxas de juros. Além disso, incide positivamente sobre a demanda agregada e tem como principais instrumentos:

> - **Diminuição do recolhimento compulsório**: o governo diminui o percentual exigido de reserva compulsória, aumentando o efeito multiplicador do dinheiro e a liquidez da economia. A redução do recolhimento do compulsório representa mais dinheiro para empréstimos nas linhas de créditos bancárias.
> - **Assistência financeira de liquidez**: por meio de operações de redesconto, o Bacen empresta dinheiro aos bancos comerciais e múltiplos, porém aumenta o prazo do pagamento e reduz a taxa de juros. Com essas medidas, diminuirá a taxa de juros da economia, o que ajudará a aumentar a liquidez.
> - **Compra de títulos públicos**: ao comprar títulos públicos no sistema bancário, o Bacen injeta moeda na economia, retirando os papéis federais em posse dos bancos. A partir do momento que existe volume de dinheiro no mercado, ocorre uma redução na taxa de juros e um aumento da liquidez dos pagamentos.

Fonte: Elaborado com base em Moura, 2012, p. 36.

Quadro 1.2 – Resumo do impacto das diretrizes de política monetária expansiva na economia

Política monetária expansiva		Efeito na taxa de juros
Open Market	Bacen **compra** títulos públicos – coloca dinheiro no mercado, expandindo os meios de pagamento e a liquidez da economia.	↓
Redesconto	Prazo ampliado e taxa de juros do empréstimo **reduzida** – efeito positivo na liquidez do sistema.	
Compulsório	O governo **reduz** o percentual exigido de reserva compulsória – aumenta o efeito multiplicador e, consequentemente, a liquidez da economia.	

1.5.2 Instrumentos de política monetária

Os instrumentos de política monetária são ferramentas utilizadas pelas autoridades do SFN que têm o objetivo de produzir um efeito direto ou induzido para controlar a liquidez global do sistema econômico.

Os principais instrumentos de política monetária utilizados pelo governo são: **Open Market**, **redesconto** e **depósito compulsório**.

1.5.2.1 Open Market

O *Open Market* (mercado aberto, em português) deve apresentar a sintonia adequada para o controle instantâneo da liquidez do sistema bancário. Para entender essa sintonia, é preciso estudar a lógica de acúmulo de reservas dos bancos, pois a boa técnica bancária evidencia que é preciso maximizar as aplicações de recursos depositados para manter um determinado fundo de reserva técnica que atenda ao movimento diário e às operações de saque em moeda e em cheques.

Quando um banco (e, por extensão, o sistema bancário) equilibra esses fatores, ele está com a sua liquidez otimizada. Nesse contexto, pode ocorrer, por exemplo, de o sistema estar com uma ótima liquidez e uma empresa exportadora depositar nesse determinado banco a sua troca de Dólares por reais, fazendo com que a liquidez fique em excesso. Com isso, torna-se preciso "eliminar" esse excesso de dinheiro, face às diretrizes de prática da política monetária do momento, e, para tanto, o Bacen compra os reais em excesso e vende títulos públicos federais com características de quase moeda ao banco no qual esse dinheiro foi depositado.

No entanto, o exemplo poderia ser o contrário. Imagine que uma empresa importadora precisa comprar Dólares com os reais depositados em um determinado banco, deixando-o com sua liquidez comprometida. Nessa situação, será preciso que esse banco refaça sua liquidez e, para isso, o Bacen lhe venderá os reais em falta, comprando dele os mesmos títulos federais já citados.

No ambiente de negociações do mercado aberto, o Bacen não precisa ser necessariamente a parte que compra e vende dinheiro em excesso ou em falta. Os próprios bancos, operando entre si, têm a mesma facilidade de repor ou aplicar depósitos. Por meio dessa sistemática, o mercado aberto permite ao Bacen controlar a oferta de moeda na economia e regular a taxa de juros praticada pelos agentes econômicos.

1.5.2.2 Redesconto

O redesconto é uma concessão de assistência financeira do Bacen a instituições do SFN na forma de empréstimos destinados a atender eventuais problemas de liquidez, que podem ser de natureza circunstancial e de curto prazo.

O mercado interbancário, por meio de operações que dão origem ao Certificado de Depósito Interbancário (CDI), pode realizar transações de repasse para suprir as necessidades normais do dia a dia. Com isso, o mercado busca administrar sua liquidez de dinheiro sem precisar do Bacen, uma vez que a utilização de recursos do redesconto somente deve acontecer em última instância, pois o Bacen lança mão desse instrumento de política monetária para evitar que ocorra falta de liquidez quando o mercado não consegue financiar os bancos.

Os efeitos do redesconto aparecem em médio prazo para que os bancos que estão utilizando essa assistência financeira possam solucionar sua falta de liquidez dentro do prazo em que o recurso foi contratado. A obrigatoriedade dessa solução é determinada pelo Bacen.

1.5.2.3 Depósito compulsório

O depósito compulsório é considerado um instrumento de política monetária aplicada em longo prazo. Trata-se de um recolhimento feito pela rede bancária de um percentual sobre seus depósitos à vista e/ou a prazo para satisfazer às diretrizes de aplicação da política monetária estabelecida pelo Bacen para um determinado momento da economia.

O recolhimento é feito em moeda ou em títulos federais da dívida pública. A política de reservas compulsórias afeta indistintamente todos os bancos, refletindo nas suas operações de crédito, pois o depósito compulsório impacta diretamente o volume de dinheiro que o banco poderá emprestar ao mercado.

Podemos citar um exemplo de um banco que receba um depósito à vista no valor de R$ 1.000,00. Caso a política estabelecida pelo Bacen seja um recolhimento de 63% para o depósito compulsório, somente 37%, ou seja, R$ 370,00, poderá ser repassado ao mercado pelos bancos por meio de linhas de empréstimos.

Quadro 1.3 – Instrumentos de prática da política monetária

Efeito no mercado	Instrumento	Finalidade
Curto prazo	Open Market	Controle diário da liquidez do sistema financeiro
Médio prazo	Redesconto	Empréstimos de liquidez
Longo prazo	Reserva compulsória	Conter a expansão do crédito

Podemos perceber que, dependendo da política monetária adotada pelo governo, o instrumento pode gerar oferta ou escassez de liquidez na economia.

1.5.3 Política fiscal

É a política na qual as diretrizes são responsáveis pela administração e adequação das receitas (tributos) e dos gastos do governo para regular a atividade econômica. A política fiscal é usada para neutralizar as tendências à recessão e à inflação. A cobrança de impostos é, na prática, uma coleta de dinheiro feita pelo governo para pagar suas contas. Uma forma de medir o impacto dessa coleta é compará-la com o PIB, ou seja, a soma das riquezas produzidas pelo país em um ano.

Essa relação entre impostos e PIB é chamada de *carga tributária*. No Brasil, a carga tributária é em média de 35% do PIB, o que significa que os cofres públicos recebem um valor que equivale a mais de um terço do que o país produz. Esses recursos deveriam voltar para a sociedade em forma de serviços públicos.

Assim como a política monetária, a política fiscal também é aplicada de duas formas na economia: *expansiva* e *restritiva*.

1.5.3.1 Política fiscal expansiva

É usada quando há uma **insuficiência de demanda** agregada em relação à produção de pleno emprego, acarretando o chamado *hiato deflacionário*, no qual se formam estoques excessivos, que levam as empresas a reduzirem a produção e os quadros de funcionários, aumentando o índice de desempregados. As medidas a serem adotadas pela política fiscal expansiva são:

› aumento dos gastos públicos;
› diminuição da carga tributária, estimulando despesas de consumo e investimentos;
› estímulos à exportação, elevando a demanda externa dos produtos;
› criação de tarifas e barreiras às importações, beneficiando a produção nacional.

1.5.3.2 Política fiscal restritiva

É usada quando a demanda agregada **supera a capacidade produtiva** da economia, acarretando o chamado *hiato inflacionário*, no

qual os estoques desaparecem e os preços sobem. As medidas a serem adotadas pela política fiscal restritiva são:
> diminuição dos gastos públicos;
> elevação da carga tributária sobre os bens de consumo, desencorajando esses gastos;
> elevação das importações, por meio da redução de tarifas e barreiras.

1.5.4 Política cambial

A abertura de mercados entre os países permite a livre negociação entre eles, considerando-se as diretrizes dos blocos econômicos constituídos, por exemplo, o Mercosul.

A política cambial é responsável pela aplicação de diretrizes capazes de administrar a taxa de câmbio nos relacionamentos comerciais e financeiros entre um país e um conjunto de países. É também responsável pela mensuração e pelo controle do volume de moeda estrangeira que entra e sai da economia do país em que é aplicada. Sua gestão eficaz permite acompanhar o comportamento da moeda local em relação à estrangeira, como pode ser visto a seguir:
> se a moeda Real se desvaloriza frente a outras moedas, favorece a exportação;
> se a moeda Real se valoriza, favorece a importação.

Por isso, o grande desafio do governo é desenvolver uma política que controle a variação da taxa cambial e que seja capaz de atrair os capitais estrangeiros para o país, evitando, assim, possíveis surtos cambiais.

Assim, temos que:

> Elevação do valor do Dólar → favorece as exportações (desvalorização do Real)
> Queda do valor do Dólar → favorece as importações (valorização do Real)

1.5.4.1 Regime cambial

Os efeitos da aplicação da política cambial geram na economia estágios distintos de comportamento da taxa de câmbio, os quais são conhecidos como *regimes cambiais*.

Regime de câmbio fixo

No cenário de um regime de câmbio fixo, encontramos a ação da autoridade monetária (no Brasil, o Bacen) na fixação da taxa de câmbio. Para isso, o Bacen precisa dispor de reservas internacionais, necessárias para intervir no mercado de câmbio e garantir a manutenção da paridade fixa.

Regime de câmbio flutuante

No cenário de um regime de câmbio flutuante, a taxa cambial é determinada por meio da operação das forças de mercado, ou seja, os negócios são definidos caso a caso entre compradores e vendedores da moeda estrangeira e variam de acordo com os participantes e o volume transacionado. O regime é autorregulável, pois, havendo dificuldades de financiamentos externos, a taxa de câmbio tende a depreciar-se, favorecendo as exportações em detrimento das importações.

Essa recuperação cambial tende a apreciar novamente o câmbio até que seja alcançada uma taxa de equilíbrio.

Regime de câmbio com flutuação "suja"

O cenário de um regime de câmbio com flutuação "suja" acontece a partir do momento que a autoridade monetária interfere na variação da taxa cambial definida pelo mercado sem apresentar parâmetros e justificativas que relatem de forma convincente o motivo da intervenção.

1.5.5 Reservas internacionais

As reservas internacionais são oriundas do acúmulo de capital em moeda estrangeira ocasionado pela entrada de recursos do exterior por meio de empréstimos, financiamentos, investimentos diretos, entre outros.

O país que consegue acumular reserva internacional em Dólar, por exemplo, apresenta maiores garantias financeiras para que a sua economia possa enfrentar eventuais déficits. Essa economia tem origem em superávits do balanço de pagamentos obtidos em anos anteriores, ou seja, a conta é simples: quanto foi recebido em moeda estrangeira menos o que foi pago, na mesma moeda. Se, ao final do ano, ocorrer sobra, acumula-se a reserva internacional.

Outro ponto muito vantajoso em se ter uma reserva internacional é que, dessa forma, o governo pode lançar mão de linhas de crédito junto ao Fundo Monetário Internacional (FMI) ou outros órgãos multilaterais de ajuda financeira.

1.5.6 Contas externas

Além de uma conta em reais, o governo administra e controla um fluxo de pagamentos em moeda estrangeira, como o Dólar. Veja como esse fluxo funciona nos Quadros 1.4 e 1.5.

Quadro 1.4 – Transações correntes

Balança comercial	Exportações menos importações
Conta de serviços	Despesas com o pagamento de juros da dívida externa e as remessas de lucros e dividendos do capital estrangeiro investidor no país.
Transferências unilaterais	Fluxo de recursos de entrada, no Brasil, de remessas de brasileiros que trabalham no exterior menos o fluxo de recursos de saída de estrangeiros para seus países de origem.

Quadro 1.5 – Balanço de pagamentos

Transações correntes	Balança comercial, conta de serviços e transferências unilaterais
Movimento de capitais autônomos	Empréstimos, financiamentos, investimentos externos diretos, amortizações de empréstimos obtidos, reinvestimentos e capitais de curto prazo.
Movimento de capitais compensatórios	Inclui a conta de caixa do Bacen, que mede a variação de reservas internacionais (em moeda estrangeira) do país, empréstimos de regularização e atrasados comerciais.

1.5.7 Taxa de câmbio (Ptax)

A taxa de câmbio é o preço de qualquer moeda estrangeira expresso em moeda local.

Para comprar ou vender euros, por exemplo, é preciso gastar um montante em reais. A maior ou menor escassez de euros no mercado determina a taxa de câmbio.

As moedas de livre curso internacional (como Dólar, euro e iene) têm seus preços determinados pela relação entre oferta e procura no mercado global. No Brasil, o Bacen divulga a taxa Ptax como a cotação oficial das moedas estrangeiras em relação ao Real.

Acompanhe, a seguir, um exemplo do cálculo da Ptax para transações do dia em Dólar e perceba que os negócios fechados são utilizados em uma fórmula de média ponderada para chegar à cotação final da taxa de câmbio.

Em um dia no mercado cambial é fechado um negócio entre duas instituições no valor de US$ 20 milhões, com cotação de R$ 2,02. Logo depois, é fechado outro negócio, de US$ 30 milhões, a R$ 1,95. Aplicando a média ponderada dos dois negócios, temos:

$$\text{Ptax} = \frac{(\text{US\$ 20 milhões} \times \text{R\$ 2,02}) + (\text{US\$ 30 milhões} \times \text{R\$ 1,95})}{\text{US\$ 20 milhões} + \text{US\$ 30 milhões}} = \text{R\$1,98}$$

O cálculo é feito levando em conta as várias operações efetuadas durante o dia. O Bacen divulga Ptax parciais, em intervalos de meia hora e, depois, divulga a Ptax do fechamento do dia. A Ptax é utilizada como parâmetro em várias situações de indexação de um título ao Dólar e de contratos fechados em mercados futuros atrelados à moeda estrangeira.

1.6 Política de rendas

Para que as famílias possam consumir bens e serviços, necessitam de poder de compra, que é gerado inicialmente pela renda mensal, fruto do trabalho. Na política de rendas, o governo desenvolve um papel fundamental no controle dos fatores de produção (como salários, encargos, distribuição de resultados da atividade econômica, sistemas de preços, entre outros).

As diretrizes a serem aplicadas pelo governo com o intuito de melhorar a capacidade de rendimentos da população do país são aplicadas na política de rendas, com o objetivo de melhorar a renda *per capita* e, consequentemente, a distribuição de renda pelo território nacional.

A geração de novos postos de trabalho e a redução na taxa de desemprego são variáveis fundamentais no controle da renda no país, uma vez que um país com média de renda baixa perde o potencial de compra e de crescimento de sua economia. Com isso, podemos concluir que é muito importante que haja crescimento da população economicamente ativa para que seja possível gerar renda.

1.7 O mercado financeiro

Nesse estágio de conhecimento, você deve estar curioso para conhecer os meios pelos quais são canalizadas as diretrizes das políticas de governo. Para compreender isso, vamos estudar o funcionamento do mercado financeiro.

Para Cavalcante Filho e Misumi (2001), o mercado financeiro é um ambiente em que acontece o relacionamento entre personagens que possuem recursos monetários, conhecidos como *poupadores* e *ofertadores*, e os que precisam desses recursos para realizar investimentos, conhecidos como *tomadores* ou *deficitários*.

É por meio do mercado financeiro que ocorre diariamente a famosa operação de intermediação financeira que vimos no início deste capítulo. Para facilitar a gestão e o controle, o mercado financeiro é dividido em subsegmentos: monetário, crédito, câmbio e capitais.

1.7.1 Mercado monetário

O mercado monetário é controlado pela taxa de juros e é nele que estão concentradas as operações de oferta de moeda no curto prazo. Como já vimos, o controle da emissão de moeda é feito Bacen, que atua nesse mercado praticando a chamada *política monetária*, por meio dos instrumentos de práticas depósito compulsório, *Open Market* e redesconto.

Outra característica fundamental do mercado monetário está no fato de ser o principal ambiente de execução das diretrizes de política monetária. Logo, está envolvido diretamente com a intermediação financeira e o controle das taxas de inflação e de juros.

1.7.2 Mercado de crédito

É o mercado no qual tanto as instituições financeiras quanto as não financeiras atuam. Ambas são fiscalizadas pelo Bacen e devem seguir as diretrizes de política de crédito do CMN, prestando serviços de intermediação de recursos de curto e médio prazo para agentes tomadores.

Para atender às demandas de consumo de crédito, as instituições financeiras desenvolveram linhas de repasses de crédito às pessoas físicas e jurídicas:

> **Pessoa Física (PF):** cheque especial, crédito rotativo de cartões, empréstimo pessoal, crédito direto ao consumidor (CDC), bens e veículos, *leasing*.

> **Pessoa Jurídica (PJ):** *hot money*, conta garantida, capital de giro, desconto de recebíveis (cheques, duplicatas e ordem de pagamentos – "orpags"), *leasing*, vendor, compor.

O mercado de crédito também possui a responsabilidade de executar as regras da política creditícia estipuladas pelo CMN, órgão máximo do SFN. Essas regras partem da premissa de segurança na concessão de crédito, visando à proteção da liquidez global do sistema, ou seja, à adoção de critérios que têm por objetivo minimizar os fatores de riscos aos quais as operações de crédito estão expostas na economia do país.

1.7.3 Mercado de câmbio

É o mercado responsável por gerenciar as transações de troca da moeda de um país pela moeda do outro. A administração da taxa de câmbio como instrumento da política de relações comerciais e financeiras entre um país e o conjunto dos demais países é feita pelo Bacen por meio da política cambial.

Todas as operações de câmbio são registradas no Sistema de Informação do Banco Central (Sisbacen). O Bacen pode também comprar e vender moeda estrangeira de forma ocasional e limitada, com o objetivo de manter a taxa de câmbio estabilizada, das seguintes formas:

> para forçar a alta na cotação do Dólar, o Bacen **compra** Dólares do mercado;
> para tentar forçar a queda na cotação, o Bacen **vende** Dólares no mercado de divisas.

Quando o país possui pleno gerenciamento e controle do mercado cambial, consegue valorizar sua moeda em relação à estrangeira, promovendo uma enorme atratividade que faz com que os investidores locais e estrangeiros queiram depositar seus investimentos na sua economia.

1.7.4 Mercado de capitais

É um sistema de distribuição de papéis com valores mobiliários (ações, debêntures e outros) que tem o propósito de proporcionar liquidez aos títulos emitidos pelas empresas e viabilizar o processo de capitalização. É fiscalizado pela Comissão de Valores Mobiliários (CVM), que responde pelo desenvolvimento do sistema de comércio de títulos de valores mobiliários ao CMN.

As captações são feitas por meio da colocação de títulos e valores mobiliários das empresas emissoras no mercado de capitais, representado pelos ambientes de bolsas de valores, com o objetivo de investimentos ou reestruturações de dívidas e reestruturações societárias.

O ambiente operativo do mercado de capitais é realizado pelas bolsas de valores, que disponibilizam espaço adequado para as negociações desses papéis, além de possuírem credibilidade e sistema de liquidação e custódia controlados pela Companhia Brasileira de Liquidação e Custódia (CBLC).

Além das bolsas, esse mercado conta também com as Sociedades Corretoras de Títulos e Valores Mobiliários (SCTVM), que são fundamentais no auxílio financeiro aos poupadores que investem seus fundos no mercado de ações.

Síntese

Neste capítulo, conhecemos a importância da moeda no sistema econômico do Brasil e o seu funcionamento, que é a direção para canalizar recursos no sistema financeiro.

A moeda desenvolve quatro papéis importantes na gerência e no controle da economia de um país. São eles:

1. **Meio de pagamento:** é a capacidade de diminuir dívidas por meio da liquidez imediata de ativos financeiros.

2. **Reserva de valor:** é uma alternativa para acumular riqueza e proteger-se contra uma possível perda do poder de compra.

3. **Unidade padrão de conta:** instrumento utilizado para demostrar preços e registrar débitos.

4. **Intermediário de trocas entre os agentes:** como a economia de um país é sistematizada por um sistema financeiro que atua como intermediário de trocas entre seus agentes, a moeda possui papel econômico importante, pois é aceita pelos agentes na concretização das transações e negociações.

Conhecemos também alguns aspectos das políticas do governo para a economia nacional:

> **Política monetária:** é a política utilizada pelo governo no controle e administração da moeda e do crédito.

> **Política fiscal:** é a política na qual as diretrizes, estipuladas pelo governo e aplicadas pelo Bacen, são responsáveis pela

administração e adequação das receitas (tributos) e dos gastos do governo a fim de regular a atividade econômica.

> **Política cambial**: é a administração da taxa de câmbio como instrumento da política de relações comerciais e financeiras entre um país e o conjunto dos demais países.

O **mercado financeiro** é um ambiente no qual acontece o relacionamento entre os personagens que possuem recursos monetários (poupadores e ofertadores) e os que precisam desses recursos para realizar investimentos, (tomadores ou deficitários). O mercado financeiro possui os seguintes seguimentos:

> **Mercado monetário**: é controlado pela taxa de juros e é o espaço no qual as operações de oferta de moeda no curto prazo se concentram.

> **Mercado de crédito**: é o espaço de atuação de instituições financeiras e não financeiras que prestam serviços de intermediação de recursos de curto e médio prazo para agentes tomadores.

> **Mercado câmbio**: é o espaço no qual ocorrem o gerenciamento de transações de troca de moeda de um país pela moeda do outro.

> **Mercado de capitais**: é o sistema de distribuição de papéis com valores mobiliários (ações, debêntures, entre outros), cujo propósito é proporcionar liquidez aos títulos emitidos pelas empresas e viabilizar seu processo de capitalização.

Entender o funcionamento desses agentes econômicos e do mercado canalizador das decisões financeiras proporcionará a você, como investidor, a compreensão dos cenários vigentes no momento em que estiver investindo.

Por isso, conhecer os aspectos referentes à moeda e ao seu fluxo no mercado financeiro proporciona uma visão global dos requisitos econômicos que influenciam na decisão e na gestão de ativos de investimentos.

Exercício resolvido

1. **Pela manhã, ao ler uma reportagem em um jornal, um investidor do mercado de capitais viu a seguinte afirmação: "O Banco central do Brasil coloca em prática uma política expansionista de crédito com a queda da taxa Selic". Com base nisso, responda: Como o investidor deve interpretar a notícia no que se refere ao lado bom e ruim da situação?**

   Como aprendemos, quando o governo coloca em prática uma política expansionista de crédito, reduzindo juros, ele está promovendo a oferta de moeda no mercado, buscando com isso aumentar a demanda de consumo para acelerar o crescimento econômico.

   Lado bom: caso o investidor possua ações de uma empresa no mercado de capitais, poderá prever que, devido à situação apresentada, é provável que essa empresa invista mais e, consequentemente, atinja o lucro operacional do ano de exercício, distribuindo melhores dividendos aos seus acionistas. Além disso, quando a taxa Selic cai, a remuneração de renda fixa tende a cair também, levando os investidores a buscarem opções de investimentos em bolsas de valores no mercado de capitais.

   Lado ruim: esse cenário poderia representar perda de opções de investimento em renda fixa para o investidor, o que não seria positivo se houvesse a intenção de ele querer diversificar seus investimentos, pois, como já mencionado, a queda na taxa de juros tende a reduzir a remuneração dos papéis e fundos de renda fixa.

Questões para revisão

1. Levando em consideração a Figura 1.2, assinale (V) para as alternativas verdadeiras e (F) para as alternativas falsas. Em seguida, assinale a alternativa que corresponde à ordem correta das respostas.

( ) A intermediação financeira não leva em consideração a oferta e a demanda de moeda no mercado financeiro.

( ) O regime de metas da inflação é executado pelo Bacen para manter o indicador em nível de estabilidade.

( ) Os instrumentos de prática da política monetária dependem da intermediação financeira para serem aplicados.

( ) A variação da taxa de juros também depende do cenário de prática das políticas monetária restritiva e expansiva.

( ) O mercado financeiro, no qual ocorre a intermediação financeira entre os agentes ofertadores e os tomadores, possui o mercado de crédito, que é responsável pelas diretrizes da política creditícia do país.

a) V, V, F, F, V.
b) F, V, F, F, V.
c) F, V, V, V, V.
d) F, F, F, F, F.
e) V, V, V, F, V.

2. É a política responsável pela gerência e controle da circulação da moeda em cenários nos quais os juros estão em queda e a economia em aceleração. Assim, o Bacen reduz o percentual de recolhimento do compulsório, sobrando um volume maior de recursos para circulação na economia. O nome da referida política é:

a) Política monetária expansiva.

b) Política fiscal restritiva.

c) Política monetária restritiva.

d) Política cambial fixa.

3. Como seria uma política fiscal ideal para o momento atual da economia brasileira?

4. Em virtude da volatilidade do mercado financeiro, constantemente os veículos de comunicação divulgam notícias que tendem a mudar cenários vigentes nesse mercado, contendo frases como: "a última taxa de juros divulgada apresentou redução". Descreva qual seria a tendência de comportamento mais provável que os investidores teriam nessa situação.

5. Considerando os regimes cambiais disponíveis para prática, qual a importância do mercado de câmbio na economia de um país?

2
sistema financeiro nacional
e internacional

conteúdos do capítulo

> Sistema Financeiro Nacional (SFN).
> Órgãos normativos do SFN.
> Agentes operadores do SFN.
> Sistemas e Câmaras de Liquidação e Custódia.
> Sistema de Pagamentos Brasileiro (SPB).
> Sistema Financeiro Internacional (SFI).

após o estudo deste capítulo, você será capaz de:

1. compreender o formato de funcionamento do principal sistema financeiro do país;
2. conhecer a hierarquia desse sistema e a função de cada autarquia no seu funcionamento;
3. a relação do SFN com o SFI.

2.1 Sistema Financeiro Nacional (SFN)

O mercado financeiro precisa de uma estrutura organizada e segura para desenvolver suas necessidades. Para isso, é preciso utilizar um sistema financeiro eficiente e organizado, no qual todas as transações fundamentais para o seu bom funcionamento sejam efetuadas com segurança.

De acordo com o *site* do Sistema Financeiro Nacional (2013), o SFN teve sua origem em 1808, com a chegada da família real portuguesa, que criou o Banco do Brasil. Da criação do Banco do Brasil aos dias atuais, o SFN passou por diversas mudanças que foram fundamentais para que o sistema se tornasse mais seguro e produtivo, proporcionando a criação de instituições públicas e privadas importantes, entre as quais podemos destacar: o Conselho Monetário Nacional (CMN), o Banco Central do Brasil (Bacen), a Comissão de Valores Mobiliários (CVM), o Banco Nacional de Desenvolvimento Econômico e Social (BNDES) e a Caixa Econômica Federal (CEF).

O principal papel do SFN é atuar na organização do mercado financeiro e, com isso, exercer determinadas funções, como a intermediação financeira e o auxílio financeiro, buscando garantir a liquidez nas transações.

A **intermediação financeira** é uma operação desenvolvida pelo SFN, que possui como função principal controlar, organizadamente, o fluxo de recursos monetários do agente ofertador (poupadores e investidores) para o agente tomador (tomadores de linhas de crédito em geral para fomento de atividades produtivas).

Para Fortuna (2002), os **auxiliares financeiros** possuem como papel principal a busca de novos investidores e poupadores, além

do desenvolvimento do mercado de capitais. Com a organização do mercado financeiro, eles passaram a exercer as seguintes funções:
> promover a poupança, buscando recursos para o sistema;
> arrecadar e aumentar a poupança em grandes volumes;
> transformar a poupança em créditos especiais;
> encaminhar os créditos às atividades produtivas;
> gerenciar as aplicações realizadas nos sistema e manter um mercado para elas.

2.1.1 A estrutura funcional do SFN

A estrutura funcional do SFN é o que garante o seu funcionamento adequado; é também o que controla as regras que devem ser respeitadas para garantir a liquidez e o correto desenvolvimento do sistema.

O SFN é um dos setores mais regulamentados do mundo. Isso acontece porque é papel do governo aumentar a informação disponível aos participantes e garantir o adequado funcionamento do sistema, melhorando o controle sobre a oferta e demanda da moeda.

Vale lembrar que o SFN possui, na sua estrutura, autoridades e instituições de acordo com o mercado que atua, tais como: mercado financeiro e de capitais; mercado de seguros, de capitalização e de previdência privada aberta; e mercado de previdência privada fechada. Nesta obra, focaremos no mercado financeiro e de capitais, os quais estão estruturados da seguinte forma:

> **Autoridades financeiras que são compostas por órgãos normativos**: Conselho Monetário Nacional (CMN), Conselho Nacional

de Seguros Privados (CNSP) e Conselho de Gestão da Previdência Complementar (CGPC).

> **Autoridades financeiras que são compostas por entidades supervisoras**: Banco Central do Brasil (Bacen), Comissão de Valores Mobiliários (CVM), Superintendência de Seguros Privados (Susep) e a Secretaria de Previdência Complementar (SPC).

> **Instituições Financeiras (IF) que são compostas por agentes operadores do SFN**: bancos comerciais, bancos de investimentos, bancos múltiplos e auxiliares financeiros (como a bolsa de valores, as Sociedades Corretoras de Títulos e Valores Mobiliários – SCTVM e as Sociedades Distribuidoras de Títulos e Valores Mobiliários – SDTVM).

Figura 2.1 – Estrutura básica funcional do SFN

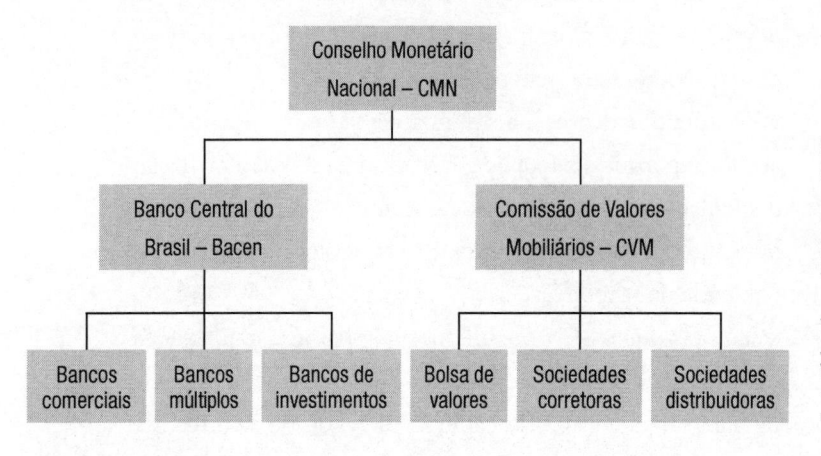

```
                    Conselho Monetário
                     Nacional – CMN
                    /              \
          Banco Central do    Comissão de Valores
           Brasil – Bacen       Mobiliários – CVM
          /      |      \        /      |       \
    Bancos   Bancos   Bancos de  Bolsa de  Sociedades  Sociedades
  comerciais múltiplos investimentos valores corretoras distribuidoras
```

Fonte: Elaborado com base em Bacen, 2013d.

2.2 Órgãos Normativos do SFN

Vamos conhecer, a seguir, a função de cada um dos órgãos normativos – CMN, Bacen e CVM – no SFN, lembrando que o papel do primeiro é determinar e comandar o sistema, e dos outros dois é fiscalizar e operar os intermediários e auxiliares financeiros, repectivamente.

2.2.1 Conselho Monetário Nacional (CMN)

O CMN foi instituído pela Lei nº 4.595, de 31 de dezembro de 1964 (Brasil, 1965) como órgão colegiado normativo do SFN. Trata-se da maior instituição do SFN e tem por finalidade formular a política da moeda e do crédito, com o objetivo de promover a estabilidade da moeda e o desenvolvimento econômico e social do país. Portanto, trata-se de um órgão deliberativo/normativo, ou seja, é responsável pelo estabelecimento de diretrizes para o SFN e a economia nacional.

As principais atribuições do CMN são (Brasil, 1965):

› regular a constituição, o funcionamento e a fiscalização das instituições financeiras, bem como a aplicação das penalidades previstas na lei;

› estabelecer medidas de prevenção ou correção de desequilíbrios econômicos;

› disciplinar o crédito em suas modalidades e as formas das operações creditícias;

› coordenar a política monetária, creditícia, orçamentária, fiscal e da dívida pública, interna e externa;

› determinar as taxas de recolhimento compulsórios das instituições financeiras.

2.2.2 Banco Central do Brasil (Bacen)

O Bacen foi instituído pela Lei nº 4.595, de 31 de dezembro de 1964 (Brasil, 1965) para atuar na regulamentação e fiscalização das instituições do mercado financeiro e de capitais.

Compete a essa autarquia federal cumprir e fazer cumprir as disposições que lhe são atribuídas pela legislação em vigor e pelas normas expedidas pelo CMN. Sua missão institucional é assegurar a estabilidade do poder de compra da moeda e a solidez do SFN.

Com a lei complementar número 179 de 24 de fevereiro de 2021 o Bacen assumiu novas atribuições e responsabilidades no Sistema Financeiro Nacional, são elas:

> assegurar a estabilidade de preços, sem prejuízo de seu objetivo fundamental, também tem por objetivos zelar pela estabilidade e pela eficiência do sistema financeiro, suavizar as flutuações do nível de atividade econômica e fomentar o pleno emprego;

> conceder autorização para o funcionamento das instituições financeiras e outras entidades;

> fiscalizar e regular as atividades das instituições financeiras e demais entidades por ele autorizadas a funcionar;

> autorizar a emissão de moeda;

> controlar créditos (divulga as decisões do Conselho Monetário Nacional, baixa as normas complementares e executa o controle e a fiscalização a respeito das operações de crédito em todas as suas modalidades);

> controlar capitais estrangeiros: (é o depositário das reservas internacionais do país);

> executar a política monetária: o objetivo da ação dos bancos centrais na política monetária é controlar a expansão da moeda e do crédito e a taxa de juros;

> executar a política cambial: essa função consiste em manter ativos de ouro e moedas estrangeiras para atuação nos mercados de câmbio.

2.2.3 Comissão de Valores Mobiliários (CVM)

A CVM foi criada pela Lei nº 6.385, de 7 de dezembro de 1976 (Brasil, 1976). É uma autarquia vinculada ao Ministério da Fazenda e foi criada de para operar de forma semelhante à estadunidense *Securities and Exchange Commission* (SEC). Sua função é disciplinar, fiscalizar e desenvolver o mercado de valores mobiliários e toda a indústria de fundos de investimentos (Brasil, 1976).

A CVM submete-se ao CMN no que tange às normatizações do SFN. A Resolução CMN nº 3.081 de 2003 (Bacen, 2003) determina que, em caso de conflito, as normas do Bacen para as instituições financeiras (IF) prevalecem às da CVM ou às de outros órgãos normativos do Poder Executivo, sem prejuízo às exigências adicionais da CVM ou das exigências da contabilidade fiscal ou de contabilidade pública.

Para Neves (2010), as principais atribuições da CVM são:

› promover medidas que incentivem os poupadores a investirem no mercado de capitais. A principal função do mercado de valores mobiliários na economia é o atendimento às necessidades de financiamento de médio e longo prazo por parte das empresas.

› estimular o funcionamento das bolsas de valores e das instituições operadoras do mercado de capitais, assegurando seu funcionamento eficiente e regular;

› proteger os investidores de mercado, com vistas a manter a confiabilidade do mercado e visando atrair um contingente cada vez maior de pessoas, há necessidade de um tratamento equitativo a todos os seus participantes e deve-se dar destaque especial ao investidor individual.

Fonte: Elaborado com base em Neves, 2010.

2.3 Agentes operadores do SFN

O subsistema operativo é composto pelas IF públicas e privadas que atuam no mercado financeiro. São elas: os bancos múltiplos, os bancos comerciais, os bancos de investimentos, as bolsas de valores, as SCTVM e as SDTVM.

2.3.1 Bancos múltiplos

Os bancos múltiplos foram criados em 1988 para facilitar o controle das IF que operavam sob a mesma bandeira em várias pessoas jurídicas. Podem se apresentar como uma instituição financeira privada ou pública, que realiza operações ativas, passivas e acessórias das diversas IF, por intermédio das seguintes carteiras: comercial, de investimento e/ou de desenvolvimento, de crédito imobiliário, de arrendamento mercantil e de crédito, de financiamento e de investimento.

2.3.2 Bancos comerciais

Os bancos comerciais podem ser tanto instituições financeiras privadas quanto públicas, mas sempre têm como objetivo principal proporcionar o suprimento oportuno e adequado dos recursos necessários para financiar, a curto e médio prazo, o comércio, a indústria, as empresas prestadoras de serviços e as pessoas físicas. A captação de depósitos à vista, livremente movimentáveis, é atividade típica do banco comercial, que deve, obrigatoriamente, ser instituído sob a forma de sociedade anônima.

2.3.3 Bancos de investimentos

Os bancos de investimentos são instituições financeiras privadas, especializadas em operações de participação societária de caráter temporário, em financiamento da atividade produtiva para suprimento de capital fixo e de giro e em administração de recursos de terceiros. Não é permitido que os bancos de investimentos façam captação de depósitos à vista. Outra característica é que devem ser constituídos sob forma de sociedade anônima e adotar, obrigatoriamente, em sua denominação social, a expressão *banco de investimento*.

Figura 2.2 – Bancos no mundo

2.3.4 Bolsas de valores

As bolsas de valores são instituições de caráter econômico que têm como objeto a negociação pública mercantil de títulos e valores mobiliários. Têm o objetivo de prover o local e o sistema de negociação eletrônica adequados à realização de transações de compras e vendas de títulos e valores mobiliários entre seus membros.

A Bolsa de Valores de São Paulo ([B][3]) é uma entidade autorreguladora que opera sob a supervisão da CVM. Na bolsa, ações de companhias abertas, opções sobre ações, direitos e recibos de subscrição, bônus de subscrição e quotas de fundos, debêntures e notas promissórias, além de contratos de derivativos e *commodities* são regularmente negociados.

Figura 2.3 – Ambiente de negócios de bolsa de valores

2.3.5 Sociedades Corretoras de Títulos e Valores Mobiliários (SCTVM)

As SCTVM são auxiliares financeiros que operam diretamente no recinto das bolsas de valores, de mercadorias e futuros, das quais são cotistas, e no mercado aberto de títulos públicos. Podem subscrever e distribuir valores mobiliários de empresas S.A., principalmente ações e debêntures no mercado de capitais, além de administrar fundos de investimentos. Seus principais objetivos na bolsa são:
> promover ou participar de lançamentos públicos de ações;
> administrar e custodiar carteiras de títulos e valores mobiliários;
> efetuar operações de intermediação de títulos e valores mobiliários, bem como de compra e venda de metais preciosos, por conta própria ou por ordem de terceiros;
> operar em bolsa de mercadorias e futuros, por conta própria e de terceiros;
> operar como intermediária na compra e venda de moedas estrangeiras, por conta própria ou ordem de terceiros (operações de câmbio).

2.3.6 Sociedades Distribuidoras de Títulos e Valores Mobiliários (SDTVM)

As SDTVM são instituições auxiliares do Sistema Financeiro que atuam no mercado de renda fixa, de derivativos e de renda variável; não podem operar diretamente nas bolsas de valores ou de mercadoria e futuros, ao contrário das SCTVM. Caso precisem operacionalizar transações em bolsa, é necessário que contratem uma corretora.

Suas principais atribuições são:
- efetuar aplicações por conta própria ou de terceiros (intermediação) em títulos de valores mobiliários de renda fixa e variável;
- realizar operações no mercado aberto (compra e venda de títulos públicos federais);
- participar em lançamentos públicos de ações.

2.3.7 Outras instituições públicas federais do Sistema Financeiro Nacional (SFN)

Para Pinheiro (1998), os agentes operativos do SFN são:
- **Caixa Econômica Federal**: desempenha as mesmas atividades de um banco comercial ou múltiplo, trabalhando com recebimentos de depósitos a prazo e à vista e com cadernetas de poupança. Seu papel principal é a operacionalização das políticas do Governo Federal para a habitação popular e o saneamento básico, utilizando, para isso, os recursos da poupança.
- **Banco do Brasil**: opera, na prática, como agente financeiro do Governo Federal; é o principal executor da política oficial de crédito rural.
- **BNDES**: é a instituição responsável pela política de investimentos de longo prazo. Tem como principais atribuições impulsionar o desenvolvimento econômico e social do país e financiar os setores agrícola, industrial e de serviços.

2.4 Sistemas e Câmaras de Liquidação e Custódia

É comum que a maior curiosidade dos investidores que não têm experiência no mercado de capitais seja entender a finalidade do trabalho dos sistemas e câmaras de liquidação e custódia. Para matar essa curiosidade, vejamos um exemplo:

> Pense em um investidor que comprou uma ação. Agora, reflita: Quem garante o registro dessa ação em nome dele? Quem será o responsável por custodiar (guardar) e liquidar esse papel quando for vendido?

A resposta a essas questões está no sistema de liquidação e custódia, que tem como principal objetivo organizar a liquidação e a transferência dos títulos públicos e privados negociados no mercado financeiro por meio de seus principais sistemas, que são:

> **Sistema Especial de Liquidação e de Custódia (Selic):** um sistema gerido e operado pelo Bacen em parceria com a Associação Nacional das Instituições do Mercado Financeiro (Andima). O Selic é o depositário central dos títulos emitidos pelo Tesouro Nacional e pelo Bacen, sendo responsável pelo processamento da emissão, pelo resgate, pelo pagamento de juros e pela custódia desses títulos*. Os principais títulos custodiados na Selic (títulos públicos federais) são: Letra do Tesouro Nacional (LTN), Letra Financeira do Tesouro

---

* Todos esses títulos são escriturais, isto é, são emitidos exclusivamente na forma eletrônica.

(LFT), Nota do Tesouro Nacional série B (NTN-B), Nota do Tesouro Nacional série C (NTN-C), Nota do Tesouro Nacional série D (NTN-D) e Nota do Tesouro Nacional série F (NTN-F).

> **Central de Custódia e de Liquidação Financeira de Títulos (Cetip):** é uma das maiores empresas de custódia e de liquidação financeira da América Latina e se constituiu em um mercado de balcão, organizado para registro e negociação de títulos e valores mobiliários de renda fixa. A Cetip foi criada conjuntamente por instituições financeiras e pelo Bacen, com o objetivo de garantir mais segurança e agilidade às operações do mercado financeiro brasileiro. Os mercados atendidos pela Cetip são regulados pelo Bacen e pela CVM e, por adesão, seguem os códigos de Ética e Operacional da Andima. Os principais títulos custodiados na Cetip (títulos privados de renda fixa) são: Certificado de Depósito Bancário (CDB), *Swaps*[*], Debêntures e Letras Hipotecárias (LH).

Com a unificação da bolsa de valores, mercado de balcão através da criação da [B][3], o sistema CETIP foi integrado na bolsa de valores [B][3].

Embora a Cetip mantenha ênfase para títulos privados de renda fixa, ela também controla os títulos públicos emitidos pelos estados e municípios.

---

[*] Para Fortuna (2002), *swaps* são operações financeiras nas quais ocorre a troca do indexador de correção do contrato. Por exemplo: a troca do indexador *taxa de juros* pelo *taxa de inflação*.

Nas Câmaras de Liquidação e Custódia, encontramos as entidades privadas que garantem e processam a liquidação de pagamentos, títulos públicos, ações e outros ativos financeiros.

É necessário entender que tanto o sistema financeiro quanto a Câmaras de Liquidação e Custódia proporcionam aos participantes do mercado de capitais a segurança e confiabilidade necessárias na hora de investir, pois entidades sérias transmitem confiança e, assim, a certeza de recebimento do valor investido. Além disso, são elas as responsáveis por monitorar os riscos resultantes das transações realizadas pelos seus membros, ou seja, boa parte dos riscos do Sistema de Pagamentos Brasileiro (SPB) é gerenciado pelas Câmaras de Liquidação e Custódia, e não pelo Bacen, como a maioria acredita.

2.5 Sistema de Pagamentos Brasileiro (SPB)

As funções básicas de um sistema de pagamentos é transferir recursos, processar e liquidar pagamentos para pessoas, empresas, governo e também para o Bacen e instituições financeiras.

A Lei nº 10.214, de 27 de março de 2001 (Brasil, 2001) reestruturou o SPB, tendo como principal objetivo dessa reestruturação melhorar os controles de risco no Sistema Financeiro, permitindo a redução do risco sistêmico.

A seguir, serão apresentadas as principais medidas adotadas com a reestruturação:

› Monitoramento, em tempo real, do saldo da conta Reservas Bancárias.

› Oferta de empréstimo ponte diário (redesconto), mediante operações de compras, realizadas pelo Bacen, de títulos públicos federais que estão em poder dos bancos, os quais deverão recomprar os títulos do Bacen no próprio dia, registrando, em tempo real, o resultado financeiro na conta Reservas Bancárias.

› Implantação de sistema que processa ordens de transferência eletrônica de fundos entre bancos, inclusive dos clientes, existindo dessa forma alternativa segura aos cheques e documentos de compensação (DOC) para a realização de pagamentos de grande valor.

Fonte: Elaborado com base em Bacen, 2013c.

Segundo o Bacen (2002), os principais benefícios trazidos pelo SPB foram:

› **Agilidade**: os recursos ficam disponíveis no dia da transferência.

› **Segurança e confiabilidade**: redução do risco de crédito nos pagamentos que são irreversíveis (não podem ser sustados ou devolvidos por falta de fundos, como pode ocorrer com cheques). Além disso, proporcionou a melhora na imagem internacional do país, reduzindo assim, o risco país.

Fonte: Elaborado com base em Bacen,, 2002, p. 3.

2.6 Sistema Financeiro Internacional (SFI)

Para que possamos compreender o SFI, precisamos compreender a ordem monetária internacional. Para isso, podemos defini-la como um conjunto de convenções, acordos e regras (explícitos ou não) estabelecido entre países independentes. Seleme (2012) explica que o SFI é formado por autoridades monetárias, normativas e fiscalizadoras e por instituições financeiras públicas, privadas e auxiliadoras. Veja:

> **Autoridades monetárias:** interagem na organização do fluxo de reservas entre poupadores e investidores e são responsáveis pela gestão do balanço de pagamentos, dos juros, da dívida pública, das metas inflacionárias e da disciplina de funcionamento do mercado financeiro.
>
> **Autoridades normativas:** desenvolvem a normatização do SFI; no Brasil, o Bacen destaca-se como a principal entidade, exercendo representatividade internacional e atuando como auxiliadora ou executora das políticas monetária, fiscal e cambial.
>
> **Autoridades fiscalizadoras:** têm como principal função atestar a adequação e a aplicação das normas e regras por parte das instituições financeiras, sendo de responsabilidade do Bacen.

Fonte: Elaborado com base em Seleme, 2012, p. 99-100.

De acordo com Seleme (2012), as autoridades monetárias, normativas e fiscalizadoras são representadas pelo CMN, Bacen, CVM e pelo Bank For International Settlements (BIS), o "banco central dos bancos centrais".

> **Instituições financeiras públicas:** desempenham função referente à execução do orçamento público federal e estadual, sempre visando ao desenvolvimento econômico e social da nação.
> **Instituições financeiras privadas:** atuam como organizações que intermedeiam as operações financeiras e prestam serviços aos consumidores financeiros de seu país.
> **Instituições financeiras auxiliadoras:** complementam as atividades das instituições financeiras públicas e privadas (bolsas de valores, bolsas de mercadoria e futuros, sociedades de *leasing*, corretoras e distribuidoras de títulos e valores mobiliários).

Fonte: Elaborado com base em Seleme, 2012, p. 100.

O SFI fundamenta-se em um "trio de ferro" essencial para o desenvolvimento financeiro e social do mundo. Os personagens desse trio, que é fortemente atuante em mais de 180 países, são o Fundo Monetário Internacional (FMI), o Banco Mundial (The World Bank Group) e o BIS.

> **Fundo Monetário Internacional (FMI):** "é composto por países-membros, os quais participam com cotas subscritas do fundo. Essas quotas possibilitam um saldo sobre o qual o país, quando necessário, pode requerer empréstimo para ajuste temporário da balança de pagamentos, visando estabilizar a taxa de câmbio" (Seleme, 2012, p. 102).

Segundo Pinheiro (1998, citado por Santos, 2012), os objetivos gerais do FMI são "estimular a cooperação internacional, facilitar a expansão e o crescimento equilibrado do comércio mundial, promover a estabilidade cambial, colaborar para o estabelecimento de um sistema de pagamentos internacionais e para a eliminação de restrições cambiais".

Vale lembrar que o FMI tem obrigação, para com todos os membros, de preservar a integridade financeira destes em suas transações, emprestando somente para membros que utilizem do recurso de forma produtiva.

De acordo com Pinheiro (1998):

> **Banco Mundial (The World Bank Group)**: criado durante a Segunda Guerra Mundial, é a maior fonte de assistência para o desenvolvimento no mundo, proporcionando uma média anual de US$ 30 bilhões em empréstimos para seus países clientes. O seu objetivo principal é ajudar cada país a desenvolver um caminho de crescimento estável, sustentável e equitativo tendo como foco principal os países mais pobres; contudo, quando necessário, socorre também países em desenvolvimento e desenvolvidos.

> **Bank for International Settlements (BIS)**: é conhecido como o banco central dos bancos centrais. Segundo Fortuna (2002), suas atribuições são:

» Agir como um fórum de cooperação entre bancos centrais.
» Administrar reservas cambiais e de ouro em nome de bancos centrais e organizações internacionais;
» Atender às necessidades e dar suporte aos bancos centrais e às instituições financeiras.

Síntese

A meta deste capítulo é, acima de tudo, proporcionar ao leitor a compreensão de dois sistemas – SFN e SFI – que são fundamentais para a economia global, pois é graças ao funcionamento adequado e interativo destes que as economias regionalizadas e a economia mundial podem se desenvolver e ter chances de gerenciar possíveis surtos financeiros.

O principal papel do SFN é atuar na organização do mercado financeiro. Suas funções de destaque são executar a intermediação financeira e a prestação auxílio financeiro, buscando garantir a liquidez nas transações.

O SFI é formado por autoridades monetárias, normativas e fiscalizadoras e por instituições financeiras públicas, privadas e auxiliadoras e tem como principal função facilitar as transações internacionais.

Exercício resolvido

1. Quando o Governo Federal deseja fomentar a economia, ele reduz a taxa básica de juros e coloca mais dinheiro em circulação. Com qual política monetária ele consegue isso? Qual o papel do SFN nesse contexto?

Para fomentar a economia e acelerar a circulação de dinheiro com a redução da taxa de juros, o Governo Federal aplica as diretrizes de política monetária expansiva. O SFN terá um papel importante nesse contexto, pois será por meio das ordens do CMN e de órgãos operativos, como o Bacen e a CVM, que as práticas da política monetária expansiva serão aplicadas.

Vale lembrar que, com a queda da taxa de juros, é comum que os investidores migrem do mercado de fundos de investimentos e de renda fixa para o de renda variável, fomentando os negócios nas bolsas de valores.

Questões para revisão

1. Sua responsabilidade é atuar na organização do mercado financeiro e exercer funções como a intermediação financeira e o auxílio financeiro, buscando garantir a liquidez. Estamos falando da(o):

    a) Banco do Brasil.

    b) Caixa Econômica Federal.

    c) Comissão de Valores Mobiliários (CVM).

    d) Sistema Financeiro Nacional (SFN).

2. Promover medidas que incentivem os poupadores a investir no mercado de capitais é papel da(o):

    a) Banco Central do Brasil (Bacen).

    b) Caixa Econômica Federal.

    c) Comissão de Valores Mobiliários (CVM).

    d) Conselho Monetário Nacional (CMN).

3. Os principais intermediários financeiros são:

    a) Bolsas de valores, bancos múltiplos e bancos comerciais.

    b) Sociedades Corretoras de Títulos e Valores Mobiliários (SCTVM), bolsas de valores e bancos múltiplos.

c) Bancos múltiplos, bancos de investimentos e bancos comerciais.

d) Sociedades Distribuidoras de Títulos e Valores Mobiliários (SDTVM), bancos múltiplos e comerciais.

4. Com base no conteúdo sobre câmaras de liquidação e custódia abordado no capítulo, elabore um texto dissertativo contemplando os seguintes aspectos:

   a) Função da CBLC (Companhia Brasileira de Liquidação e Custódia) no SFN

   b) Função da Selic (Serviço Especial de Liquidação e Custódia) no SFN

5. Dentro das diretrizes de prática de uma política monetária expansiva no Brasil, qual seria o papel dos sistemas financeiros nacional e internacional?

parte II

canal de bolsas de valores

3
mercado de capitais

conteúdos do capítulo

> Conceito e características do mercado de capitais.
> Os papéis mobiliários.
> Remuneração do acionista: direitos e proventos.
> O mercado de ações.
> Principais personagens do mercado de ações.
> Sistemas de negociação em bolsas de valores.
> Bolsas de valores no mundo.

após o estudo deste capítulo, você será capaz de:

1. conhecer as principais características do mercado de valores mobiliários, o mercado de capitais;
2. conhecer os principais papéis mobiliários comercializados no mercado de capitais;
3. compreender o funcionamento da sistemática de negociação no mercado de ações.

3.1 Conceito e características do mercado de capitais

Segundo [B][3] (2013h, p. 7), o mercado de capitais é "um sistema de distribuição de valores mobiliários, que tem o propósito de proporcionar liquidez aos títulos de emissão de empresas e viabilizar o processo de capitalização".

Os títulos de valores mobiliários são assim conhecidos pelo fato de mudarem de nominação de um investidor para o outro, sendo, portanto, ativos móveis. Para que fosse possível organizar tanto as negociações quanto a mobilidade desses títulos, o mercado de capitais foi estruturado dentro do mercado financeiro.

Outro fator que contribuiu para o desenvolvimento e crescimento do mercado de capitais foi a redução no custo de captação de recursos, pois, no mercado de crédito, a empresa precisa buscar crédito a custos mais elevados, enquanto no mercado de capitais elas captam a preços menores, uma vez que o acionista passa a ser sócio da empresa, e não um credor.

O referido mercado exerce, atualmente, papéis fundamentais para o desenvolvimento econômico nacional: atua como propulsor de capitais para os investimentos, estimula a formação da poupança privada e permite a estruturação de uma sociedade que tem base na economia de mercado.

Dentro do mercado de capitais, encontramos um mercado fundamental para o desenvolvimento das negociações de ações das companhias abertas, conhecido como *mercado acionário*, o qual é dividido em:

> **Mercado primário**: existe quando o título ou valor mobiliário é lançado pela primeira vez ao mercado e o emissor realiza

a captação dos recursos pela venda do título. Podemos citar como exemplos a emissão de novas ações de uma empresa e a emissão de debêntures ou notas promissórias.

> **Mercado secundário**: caracteriza-se pela comercialização dos títulos de valores mobiliários entre investidores após realizada a colocação de novos títulos (ações, títulos públicos, debêntures etc.) nos mercados de bolsas de valores por meio do mercado primário. Esses títulos passam a ser renegociados diariamente nos mercados de ações ou no mercado de balcão, dependendo do tipo de papel mobiliário.

3.2 Os papéis mobiliários

Para captar recursos, as empresas Sociedades Anônimas (S.A.) utilizam dois papéis mobiliários que são conhecidos e negociados em bolsas: as **ações** e as **debêntures**.

É importante lembrar que, para emitir ações nas bolsas de valores, as empresas S.A. necessitam abrir seu capital de forma pública. Instituições de caráter econômico, como a Bolsa de Valores de São Paulo ([B][3]), operam sob a supervisão da Comissão de Valores Mobiliários (CVM) e têm como objetivo a negociação pública mercantil de títulos e valores mobiliários. Sua principal função é estruturar um local e um sistema de negociação eletrônica que sejam adequados à realização de transações de compra e venda de títulos e valores mobiliários aos seus membros participantes. Segundo a Comissão de Valores Mobiliários (Bacen, 2003), as bolsas de valores são responsáveis por:

> **Preservar** os valores éticos das negociações;
> **Divulgar** de forma eficiente os resultados das transações;

> **Promover** segurança na liquidação das operações;
> **Fiscalizar** o cumprimento das normas e das disposições legais vigentes.

3.2.1 Ações

As ações são títulos de renda variável, emitidos por empresas S.A., e que representam a menor fração do capital de uma empresa. Esses títulos são negociados em mercados de bolsas e conferem ao proprietário o direito de participação nos resultados da empresa. São denominados *títulos de renda variável* pelo fato de os rendimentos dependerem desempenho da empresa e de sua capacidade de gerar lucros.

Quanto à espécie, as ações podem ser classificadas em:
> **Ações ordinárias**: conferem o direito a voto em assembleias da organização. Cada ação ordinária dá o direito a um voto, portanto, quanto mais ações o investidor tiver, maior será seu poder de influência nas decisões da empresa. Proporcionam, também, direito à participação nos lucros.
> **Ações preferenciais**: não conferem direito a voto, mas proporcionam prioridade no recebimento de dividendos e no reembolso de capital, em caso de dissolução da sociedade.

Caso a companhia deixe de pagar os dividendos fixos ou mínimos, pelo prazo previsto no estatuto e não superior a três exercícios consecutivos, os investidores que detêm ações preferenciais passam a ter direito a voto – se a companhia retornar o pagamento dos dividendos, as ações preferenciais deixam de proporcionar esse direito.

3.2.2 Remuneração do acionista: direitos e proventos

Para Cavalcante Filho e Misumi (2001), os acionistas têm direito a receber proventos ou remunerações, que estão descritos a seguir.

O direito do acionista de receber participação nos resultados auferidos durante o ano de exercício, conforme acordado em Assembleia Geral Ordinária de Acionistas, leva o nome de **dividendos**. A lei exige que as empresas S.A. distribuam, no mínimo, 25% do lucro líquido do exercício.

O chamado **juros sobre capital próprio** (JSCP) é outra forma de remuneração do acionista, que recebe benefício fiscal sobre os dividendos recebidos pela empresa emissora, porque é uma despesa abatida do lucro tributável da companhia. Para se obter essa vantagem fiscal, deve-se observar a limitação da variação da Taxa de Juros Longo Prazo (TJLP) sobre o patrimônio líquido da empresa.

Para o acionista, o recebimento dos dividendos ou dos JSCP representa uma remuneração financeira do capital investido em ações.

A **bonificação em ações** é uma forma de premiar o acionista em decorrência de um aumento de capital por incorporação de reservas e lucros, no qual ele recebe gratuitamente novas ações, proporcionalmente ao número já possuído.

O direito do acionista de adquirir novas ações emitidas pela companhia da qual já é acionista é denominado **direito de subscrição**. A aquisição é feita ao preço fixado para subscrição que, geralmente, é inferior ao preço de mercado.

As **debêntures** são títulos de dívida ativa emitidos por uma S.A. e têm como função principal captar recursos de médio e longo prazos para que sejam realizados financiamentos de projetos de investimentos ou alongamentos do perfil do passivo da empresa emissora. Proporcionam aos seus titulares (debenturistas) o direito de crédito contra a companhia emissora.

Para Fortuna (2002), as debêntures são classificadas, de acordo com a sua emissão, em:

> **Conversíveis**: concedem direito de troca por ações da companhia emissora. As condições para que isso ocorra devem estar explícitas na escritura de emissão das debêntures, conhecida com cautela.

> **Simples ou não conversíveis**: proporcionam aos debenturistas somente o direito de crédito junto à empresa emissora.

> **Permutáveis**: permitem, em sua vigência, a troca do papel da empresa emissora por ações de outra companhia diferente.

3.3 Mercado de ações

É um espaço organizado para a comercialização de papéis de renda variável, como as ações. Esse mercado é gerido pelas bolsas de valores, ou seja, no Brasil, pela [B]³.

Para uma melhor compreensão do mercado de ações, vamos estudar os índices de mensuração do comportamento do preço das ações no mercado acionário, dos quais podemos destacar: o Índice Bovespa (Ibovespa), o Índice Brasil (IBrX), o Índice de Energia Elétrica (IEE) e o Índice de Governança Corporativa (IGC).

3.3.1 Índice Bovespa (Ibovespa)

Segundo a [B]³ (2013e), o Ibovespa é "o valor atual, em moeda corrente, de uma carteira teórica de ações constituída em

02/01/1968 (valor-base: 100 pontos), a partir de uma aplicação hipotética". Para realizar esse cálculo, supõe-se não ter sido efetuado nenhum investimento adicional desde então, considerando somente os ajustes efetuados em decorrência da distribuição de proventos pelas empresas emissoras, tais como: a reinversão de dividendos recebidos, o valor apurado com a venda de direitos de subscrição e a manutenção em carteira das ações recebidas em bonificação.

Dessa forma, o Ibovespa reflete não apenas as variações dos preços das ações, mas também o impacto da distribuição dos proventos, podendo ser considerado um indicador que avalia o retorno total de suas ações componentes.

De acordo com a [B][3] (2013e), a finalidade básica do Ibovespa é "servir como indicador médio do comportamento do mercado". A [B][3] calcula seu índice em tempo real, considerando os preços dos últimos negócios efetuados no mercado à vista (lote padrão) com ações componentes de sua carteira.

3.3.1.1 Representatividade do Ibovespa

Segundo *site* da [B][3] (2013e), em termos de liquidez, "as ações integrantes da carteira teórica do Índice Bovespa respondem por mais de 80% do número de negócios e do volume financeiro verificados no mercado à vista (lote padrão) da [B][3]".

A participação de cada ação na carteira tem relação direta com a representatividade desse papel no mercado à vista, em termos de número de negócios e volume financeiro ajustados ao tamanho da amostra.

Essa representatividade é obtida pelo Índice de Negociabilidade (IN) da ação, calculado pela seguinte fórmula:

$$IN = \sqrt{\frac{ni}{N} \times \frac{ni}{V}}$$

Na qual:

IN = índice de negociabilidade.

ni = número de negócios com a ação i no mercado à vista (lote padrão).

N = número total de negócios no mercado à vista da [B]³ (lote padrão).

vi = volume financeiro gerado pelos negócios com a ação i no mercado à vista (lote padrão).

V = volume financeiro total do mercado à vista da [B]³ (lote padrão).

Fonte: Elaborado com base em [B]³, 2013d.

3.3.1.2 Apuração do Ibovespa

O Ibovespa é o somatório dos pesos (quantidade teórica da ação multiplicadapelo último preço da mesma) das ações integrantes de sua carteira teórica. Assim sendo, pode ser apurado a qualquer momento, por meio da seguinte fórmula:

$$Ibovespa_t = \sum_{i=1}^{n} Pi,t \cdot Qi,t$$

Na qual:

Ibovespa$_t$ = Ibovespa no instante t.

n = número total de ações componentes da carteira teórica.

P = último preço da ação i, no instante t.

Q = quantidade teórica da ação i na carteira, no instante t.

Fonte: Elaborado com base em [B]³, 2013d.

3.3.1.3 Critérios de inclusão e exclusão de ações no índice

De acordo com a [B]³ (2013d, p. 5),

> A *carteira teórica do Ibovespa é composta pelas ações que atenderam cumulativamente aos seguintes critérios, com relação aos 12 meses anteriores à formação da carteira:*
> » *estar incluída em uma relação de ações cujos índices de negociabilidade somados representem 80% do valor acumulado de todos os índices individuais;*
> » *apresentar participação, em termos de volume, superior a 0,1% do total;*
> » *ter sido negociada em mais de 80% do total de pregões do período.*

Uma ação deixará de participar da carteira só apenas quando "não conseguir atender a pelo menos dois dos critérios de inclusão anteriormente indicados" ([B]³, 2013d, p. 5).

Figura 3.1 – Relação entre índice de negociabilidade versus volume financeiro

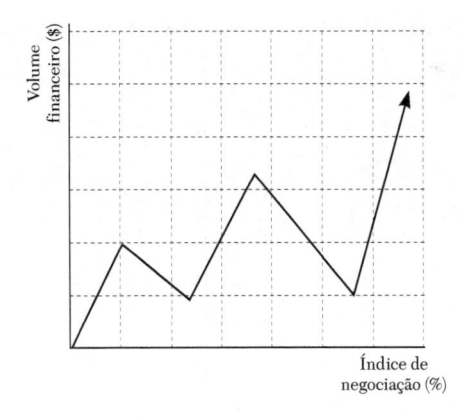

3.3.2 Índice Brasil (IBrX)

Com base em informações disponíveis no *site* da [B][3] (2013c, p. 3), o IBrX é "um índice de preços que mede o retorno de uma carteira teórica composta por 100 ações selecionadas entre as negociadas na [[B][3]]", levando em consideração o número de negócios e o volume financeiro e "ponderadas na carteira do índice pelo seu respectivo número de ações disponíveis à negociação no mercado" ([B][3], 2013c, p. 3).

A carteira do IBrX será integrada pelas 100 ações que atenderem cumulativamente aos seguintes critérios:

> ➢ estar entre as 100 melhores classificadas quanto ao IN apurados nos 12 meses anteriores ao corte de avaliação;
> ➢ ser negociada em pelo menos 70% dos pregões ocorridos nos últimos 12 meses à formação da carteira do índice.

Fonte: Elaborado com base em [B][3], 2013c, p. 3.

Quando a ação deixa de atender aos critérios especificados, ela é exclusa do índice.

3.3.3 Índice de Energia Elétrica (IEE)

O IEE foi criado em 1994 e é um índice setorial muito conhecido, sendo composto pelas 10 maiores empresas de geração ou distribuição de energia elétrica do país, com pesos equivalentes, com objetivo de acompanhar o desempenho do segmento. Vale ressaltar que o indicador setorial apresenta uma boa mensuração estatística e de negócios da realidade vivida pelo setor apresentado – o de energia –, focando sempre informações reais da situação que o segmento atravessa em determinado momento.

3.3.4 Índice de Governança Corporativa (IGC)

É um índice que tem a finalidade de "medir o desempenho de uma carteira teórica composta por ações de empresas que apresentam bons níveis de práticas de governança corporativa (GC)" ([B][3], 2013f). Essas empresas devem estar inseridas na classificação da [B][3] como Nível I, Nível II e Novo Mercado. Mas você deve estar se perguntando: "Como o sistema de GC funciona?". Segundo Child e Rodrigues (2000), GC é um dos assuntos mais proeminentes nos meios acadêmicos, nos governos, nas instituições internacionais e nas empresas de consultoria, pois está centrada em questões relativas a quem tem direito e poder de alocação de recursos corporativos e retornos e referentes aos mecanismos apropriados para apoiar esses direitos e poderes, bem como o impacto de cada mecanismo na *performance* das empresas.

Dependendo do grau de compromisso assumido, a empresa passa a ser classificada como:

> **Nível I**: a empresa se compromete, principalmente, em realizar melhorias na prestação de informações ao mercado e na dispersão acionária. Podemos citar alguns exemplos de empresas listadas no Nível I: Bradesco; Bradespar; Vale.

Quadro 3.1 – Principais práticas agrupadas para o Nível I

Manutenção em circulação de uma parcela mínima de ações, representando 25% do capital.
Realização de ofertas públicas de colocação de ações por meio de mecanismos que favoreçam a dispersão do capital.
Melhoria nas informações prestadas trimestralmente, entre as quais está a exigência de consolidação e de revisão especial.

(continua)

(Quadro 3.1 – conclusão)

Informar negociações de ativos e derivativos de emissão da companhia por parte de acionistas controladores ou administradores da empresa.
Divulgação de acordos de acionistas e programas de opções de ações.
Divulgação de um calendário anual de eventos corporativos.
Apresentação das demonstrações do fluxo de caixa.

Fonte: Elaborado com base em [B]³, 2013k.

> **Nível II**: além da aceitação das obrigações contidas no Nível I, a empresa e seus controladores adotam um conjunto bem mais amplo de práticas de governança e de direitos adicionais para os acionistas minoritários. Como exemplos, algumas das principais empresas listadas no Nível II: América Latina Logística; Gol Linhas Aéreas.

Quadro 3.2 – Critérios de listagem de companhias Nível II

Conselho de Administração com mínimo de cinco membros e mandato unificado de um ano.
Disponibilização de balanço anual, seguindo as normas internacionais do *United States General Accepted Accounting Principles* (USGAAP) ou do *International Financial Reporting Standards* (IFRS), que são, respectivamente, as normas contábeis estadunidenses e o padrão contábil internacional aplicado principalmente às empresas europeias.
Extensão para todos os acionistas detentores de ações ordinárias das mesmas condições obtidas pelos controladores na data da venda do controle da companhia e de, no mínimo, 80% deste valor para os detentores de ações preferenciais.
Direito de voto às ações preferenciais em algumas matérias, como transformação, incorporação, cisão e fusão da companhia, e aprovação de contratos entre a companhia e empresas do mesmo grupo.
Obrigatoriedade de realização de uma oferta de compra de todas as ações em circulação, pelo valor econômico, nas hipóteses de fechamento do capital ou cancelamento do registro de negociação neste Nível.
Adesão à Câmara de Arbitragem para resolução de conflitos societários.

Fonte: Elaborado com base em [B]³, 2013l.

> **Novo Mercado**: seguindo a linha de GC, a [B]³ criou esse segmento, que representa um conjunto ainda mais amplo de

práticas de governança. A entrada de uma empresa no Novo Mercado significa a sua adesão a um conjunto de regras societárias, genericamente chamadas de *boas práticas de GC*, mais rígidas do que as presentes na legislação brasileira. Essas regras, consolidadas no Regulamento de Listagem da bolsa de valores ([B][3], 2013j), ampliam os direitos dos acionistas, melhoram a qualidade das informações usualmente prestadas pelas companhias e, ao determinar a resolução dos conflitos, por meio de uma Câmara de Arbitragem, oferecem aos investidores a segurança de uma alternativa mais ágil e especializada. A principal inovação do Novo Mercado em relação à legislação é a exigência de que o capital social da empresa seja composto somente por ações ordinárias. Dessa forma, constitui-se na grande diferença em relação aos Níveis 1 e 2, portanto, no Novo Mercado é vedada a emissão de ações preferenciais. Exemplos de empresas listadas no Novo Mercado: CCR Rodovias; Natura Cosméticos.

Quadro 3.3 – Principais práticas agrupadas no Novo Mercado

Realização de ofertas públicas de colocação de ações por meio de mecanismos que favoreçam a dispersão do capital.
Manutenção em circulação de uma parcela mínima de ações representando 25% do capital (*free float*).
Extensão para todos os acionistas das mesmas condições obtidas pelos controladores na data venda do controle da companhia (*tag along*).
Disponibilização de balanço anual, seguindo as normas internacionais do USGAAP ou do IFRS, que são, respectivamente, as normas contábeis estadunidenses e o padrão contábil internacional aplicado principalmente às empresas europeias.
Conselho de Administração com mínimo de cinco membros e mandato unificado de um ano.

(continua)

(Quadro 3.3 – conclusão)

Introdução de melhorias nas informações prestadas trimestralmente, entre as quais a exigência de consolidação das demonstrações contábeis e de revisão especial de auditoria.

Obrigatoriedade de realização de uma oferta de compra de todas as ações em circulação, pelo valor econômico, nas hipóteses de fechamento do capital ou cancelamento do registro de negociação no Novo Mercado.

Adesão à Câmara de Arbitragem do Mercado para resolução de conflitos societários.

Cumprimento de regras de *disclosure* (nível de abertura de informações), em negociações envolvendo ativo de emissão da companhia, por parte de acionistas controladores ou administradores da empresa.

Informar negociações envolvendo ativos e derivativos de emissão da companhia por parte de acionistas controladores ou administradores da empresa.

Fonte: Elaborado com base em [B]³, 2013i.

3.4 Principais personagens do mercado de ações

Segundo Quirino (2012), os principais personagens que atuam no mercado de ações das bolsas de valores são:

> **Especuladores**: pessoas que utilizam esses mercados para obter lucros financeiros em curto prazo, sem se preocuparem com as ações que estão comprando. Podemos defini-los como apostadores que, em função da volatilidade do mercado, buscam oportunidades de ganho na compra e venda de ações.
> **Investidores**: utilizam os mercados de bolsas de valores para obter rendimentos em longo prazo.
> **Gestores financeiros**: necessitam desses mercados para realizar a gestão das empresas, ou seja, para captar recursos a baixo custo e investir recursos reduzindo riscos, com prazos adequados.

Fonte: Elaborado com base em Quirino, 2012.

3.5 Sistemas de negociação em bolsas de valores

Segundo Fortuna (2002), existem três formas de negociação com ações em bolsa de valores:
1. **Viva voz**: os corretores apregoam suas ofertas de viva voz, especificando o nome da empresas, o tipo de ação, a quantidade e o preço de compra ou de venda. Nessa forma de pregão, são negociadas as ações de maior liquidez.
2. **Pregão eletrônico ou Mega Bolsa**: sistema de negociação eletrônico utilizado pela [B][3] para gerenciar as negociações realizadas pelas intermediárias atuantes na bolsa de valores; os negócios são feitos por terminais de computadores, ou seja, o investidor negocia ações de qualquer lugar em que houver um computador com conexão de internet.
3. **After market**: para ampliar o acesso dos investidores ao mercado acionário, a [B][3] criou um conceito que ampliou o horário do pregão eletrônico, o qual passou a funcionar das 18h até às 22h, com a finalidade de atender aos investidores que se utilizam do *Home Broker** para fazer suas negociações.

3.5.1 Tipos de negociação nas bolsas de valores

Os principais são:
> **Negociação comum**: realiza-se entre dois representantes interessados em comprar e vender.

---

* *Home Broker* é um serviço semelhante aos de *Home Banking* (oferecidos pelos bancos), ou seja, é um canal de relacionamento entre os investidores e as sociedades corretoras da [B][3], que permite que sejam enviadas, por meio da internet, ordens de compra e de venda de ações. Isso é possível porque os *Home Brokers* das corretoras estão interligados ao sistema de negociação das bolsas de valores.

> **Negociação direta**: o operador é, simultaneamente, comprador e vendedor – comprador para um dos clientes de sua corretora e vendedor para outro.

> **Negociação por oferta**: realizada entre dois operadores, sendo um deles representado pelo posto de negociação que recebeu sua oferta.

3.5.2 Tipos de ordens de compra e venda de ações

> **Ordem a mercado**: é executada imediatamente ao melhor preço; apresenta risco de preço insatisfatório.

> **Ordem limitada**: fixa limites de preços; pode demorar a ser executada; é executada dentro dos limites de preços ou pelo melhor preço.

> **Ordem casada**: a compra é realizada com recursos de venda prévia; a venda é realizada para suprir recursos de compra prévia; só será efetivada se executar ambas as transações citadas; pode especificar qual operação deve ser executada primeiro.

> **Ordem de financiamento**: o investidor realiza a compra à vista, para vender a prazo; só será efetiva se ambas as transações forem executadas.

> **Ordem on stop**: serve para limitar perda/ganho; é usada por investidores com experiência em operar na modalidade.

3.6 Bolsas de valores no mundo

Atualmente, as bolsas mais importantes do mundo são as dos Estados Unidos (Nova Iorque e Nasdaq), do Japão (Tóquio), do Reino Unido (Londres) e do Brasil (São Paulo).

> **Bolsa de Nova Iorque**: instituição privada, constituída por ações e integrada por um número limitado de acionistas, que são membros societários.

> **Bolsa Nasdaq**: é composta, basicamente, por ações de empresas de tecnologia; reúne gigantes como a Microsoft, Oracle®, Intel® e companhias de menor porte.

> **Bolsa de Tóquio**: funciona com base em um mercado de leilão contínuo, no qual as ordens de compra e venda cruzam-se mediante o método Zaraba, semelhante ao sistema Viva Voz, no Brasil.

> **Bolsa de Londres**: funciona com base em cotações automatizadas que fornecem informações e possibilitam o controle da mensuração do indicador principal dessa bolsa; as ações se dividem em várias categorias, por ordem de importância: alfa, beta, gama e delta.

> **Bolsa de valores de São Paulo ([B]³)**: é a bolsa que representa o mercado de capitais brasileiro. Antigamente, no Brasil, as bolsas de valores eram regionalizadas até se integrarem à [B]³. Seu índice principal é o Ibovespa e a bolsa atualmente está unificada à BM&F, bolsa de mercadorias e futuros.

Síntese

Vimos neste capítulo que o mercado de capitais é um conjunto de instituições e instrumentos que negociam títulos e valores mobiliários, e têm por objetivo a canalização dos recursos dos agentes compradores para os agentes vendedores. Com isso, viabiliza a capitalização das empresas, dando liquidez aos títulos emitidos por ela. Ele pode ser dividido em **mercado primário**, que realiza a captação dos recursos, ou **mercado**

secundário, que se caracteriza pela comercialização dos títulos de valores mobiliários entre investidores, após a colocação dos recursos no mercado acionário.

As **ações** são títulos de renda variável emitidos por empresas S.A. que representam a menor fração do capital de uma empresa.
> Ações ordinárias: conferem aos seus detentores o direito a voto em assembleias.

> Ações preferenciais: conferem aos seus detentores o direito de prioridade no recebimento de dividendos e no reembolso de capital, em caso de dissolução da sociedade.

A **debênture** é um título emitido por uma empresa S.A., com o objetivo principal de captar recursos de médio e longo prazos para o financiamento de projetos de investimentos ou alongamento do perfil do passivo da empresa emissora. As debêntures são classificadas, de acordo com a sua emissão, em *conversíveis, simples* ou *não conversíveis* e *permutáveis*.

O mercado de ações é um espaço organizado para a comercialização de papéis de renda variável. Esse mercado é gerido pelas bolsas de valores – no Brasil, pela [B]³.

A [B]³ calcula seu índice, o Ibovespa, em tempo real, considerando os preços dos últimos negócios efetuados no mercado à vista (lote padrão), com ações componentes de sua carteira. A finalidade básica do Ibovespa é a de servir como indicador médio do comportamento do mercado. Os principais personagens que atuam no mercado de ações das bolsas de valores são os especuladores (visam obter lucro em curto prazo), os investidores (visam obter rendimentos em longo prazo) e os gestores financeiros (utilizam esses mercados para realizar a gestão das empresas).

Existem três formas de negociação com ações em bolsa de valores:

1. **Viva voz**: os corretores apregoam suas ofertas de viva voz, especificando o nome das empresas, o tipo de ação e a quantidade e preço de compra ou de venda.

2. **Pregão eletrônico ou Mega Bolsa**: o investidor negocia ações de qualquer lugar que tiver um computador com conexão de internet.

3. **After market**: permite montar ordens de negócios no mercado de ações após o fechamento do pregão eletrônico.

Estudamos, também, os tipos de negociação nas bolsas de valores, que são a negociação comum, negociação direta e negociação por oferta. Ainda, foram apresentados os tipos de ordens de compra e venda de ações, que são:

> Ordem a mercado: executada imediatamente ao melhor preço.

> Ordem limitada: executada dentro dos limites ou por preço melhor.

> Ordem casada: somente será efetivada a compra de uma ação mediante a venda de outra ação.

> Ordem de financiamento: compra à vista para vender a termo.

> Ordem *on stop*: para limitar perda/ganho.

Exercício resolvido

1. **Marque (V) para as sentenças verdadeiras e (F) para as sentenças falsas:**

(F) O mercado primário é caracterizado pelas negociações entre os investidores das bolsas de valores, sem envolver captação de recursos por parte da empresa emissora.

(F) As bolsas de valores operam sob a supervisão do Bacen e do CMN.

(V) As ações ordinárias proporcionam direito ao voto aos seus detentores.

(F) Os dividendos são uma forma de remuneração aos acionistas, por meio da distribuição dos resultados da empresa, respeitando a divisão por lei de no mínimo de 15% do lucro líquido auferido no exercício anterior.

(V) O valor do mercado da ação é aquele pelo qual os investidores estão dispostos a comprar e/ou vender uma ação em um determinado momento.

Questões para revisão

1. Assinale a alternativa **incorreta**:

   a) As ações atribuem direito de sociedade aos seus acionistas.

   b) O valor contábil é determinado pelo valor do patrimônio líquido da empresa dividido pelo número de ações.

   c) As debêntures são classificadas, quanto ao tipo de comercialização, em conversíveis e simples.

   d) As debêntures atribuem aos seus detentores os direitos de sociedade e de crédito.

2. Este índice reflete não apenas as variações dos preços das ações, mas também o impacto da distribuição dos proventos. Estamos falando da(o):

   a) Ibovespa.

b) IBrX 50.

c) Ptax.

d) [B]³.

3. Assinale a alternativa que melhor completa a sentença a seguir:

Os _____ são pessoas que utilizam esses mercados para obter lucros financeiros em _____, sem se preocuparem com as ações que estão comprando.

a) poupadores; curto prazo.

b) especuladores; curto prazo.

c) investidores; longo prazo.

d) especuladores; longo prazo.

4. Este tipo de ordem de compra e venda de ações é efetivada imediatamente ao melhor preço cotado. Estamos falando da ordem:

a) limitada.

b) *on stop*.

c) casada.

d) de mercado.

5. Qual a principal diferença operativa entre o mercado a termo e futuro, atuantes no mercado de ações?

6. O Sr. Astolfo comprou em D + 0, no mercado futuro de ações, 10.000 ações Vale3 (R$ 42,50 por ação), com vencimento para o dia 22 de março de 2012. O preço de ajuste do dia,

calculado após o fechamento do pregão, foi de R$ 42,55. A conta do Sr. Astolfo em D + 1 será creditada ou debitada? E qual será o valor?

4
mercado de derivativos

conteúdos do capítulo

> Mercados operacionais em bolsas.
> Mercado de derivativos.
> Mercado de futuros.
> Mercado a termo.
> Mercado de opções.

após o estudo deste capítulo, você será capaz de:

1. conhecer o conceito de derivativos;
2. entender o funcionamento do mercado de futuros, a termo e de opções e os contratos negociados neles.

4.1 Mercados operacionais em bolsas

Para Fortuna (2002), os mercados operacionais em bolsas representam os formatos de negociações que serão efetivadas durante o funcionamento do pregão dessas bolsas.

Com isso, os mercados são divididos de acordo com o prazo das negociações e tipos de acordos firmados: se podem ser à vista ou a prazo; se poderão ser liquidados antes do vencimento se for a prazo ou se isso só será possível quando vencer o prazo. Os principais mercados operacionais nas bolsas de valores são:

> **Mercado à vista**: a realização dos negócios requer a intermediação de uma sociedade corretora que opere entre as partes (vendedor e comprador) com vencimentos máximos de D + 9*.

> **Mercado a termo**: como comprador ou vendedor do mercado a termo, o indivíduo se compromete a comprar ou vender certa quantidade de ações por um preço fixado, ainda na data de realização do negócio. Os contratos a termo somente são liquidados integralmente no vencimento. As negociações respeitam um prazo mínimo de 16 dias e um máximo de 999 dias.

> **Mercado futuro**: deve-se entender o mercado futuro como uma evolução do mercado a termo. O indivíduo se compromete a comprar ou vender certa quantidade de ativos (ações) por um preço estipulado para a liquidação em data futura. As negociações respeitam um prazo mínimo de 16 dias e um máximo de 999 dias.

---

* D + 9 significa "a data presente do fechamento do negócio mais nove dias".

As definições do mercado a termo e do mercado do futuro são semelhantes, tendo como principal diferença o fato de que, no mercado a termo, a liquidação de seus compromissos acontece somente na data de vencimento; já no mercado futuro, os compromissos são ajustados diariamente às expectativas do mercado referentes ao preço futuro daquele bem, por meio do ajuste diário (mecanismo que apura perdas e ganhos).

Vejamos um exemplo de uma negociação na mercado financeiro:

Um investidor comprou D + 0, no mercado futuro de ações 1.000 ações PETR4 (R$ 56,00 por ação, com vencimento para o mês seguinte). O preço de ajuste do dia, calculado após o fechamento do pregão, foi de R$ 55,92. Nesse caso, tem-se:

Preço da compra: R$ 56,00

Preço de ajuste do dia: R$ 55,92

Ajuste (preço de ajuste do dia − preço do negócio) × Quantidade de ações.

Ou seja, o comprador a futuro*, no dia seguinte, em D + 1, será debitado em R$ 80,00, uma vez que o indivíduo comprou por um preço superior ao preço de referência do dia. Já o vendedor terá um crédito de R$ 80,00 em sua conta, correspondente ao ganho que auferiu com sua operação.

> **Mercado de opções:** para entendermos o funcionamento desse mercado, vamos conhecer como são criadas as opções de ativos, tendo como parâmetro para nosso estudo as ações. Nesse contexto, as opções seriam contratos nos quais uma das partes tem só o direito (comprador ou titular) adquirido pelo pagamento de um prêmio e a outra parte tem só a

---

* O comprador a futuro é aquele que comprou o papel acreditando no preço de seu papel no futuro.

obrigação (vendedor ou lançador) em face ao recebimento do prêmio pago pelo comprador ou titular. O comprador ou titular adquire o direito de comprar ou vender determinado ativo (nesse caso, ações) a um preço prefixado (preço de exercício) em uma certa data. O vendedor, ou lançador, possui a obrigação de comprar ou vender determinado ativo (ações) a um preço prefixado (preço de exercício), se for exercido em uma certa data. Por essa obrigação, o lançador (vendedor) da opção recebe um prêmio ou preço da opção, que é pago pelo titular (comprador).

4.2 Mercado de derivativos

Segundo Fortuna (2002), é no **mercado de derivativos** que acontecem as negociações nas quais a formação dos preços **deriva dos preços do mercado à vista**. O mercado de derivativos apresenta uma dinâmica que permite que estratégias de investimentos sejam criadas, limitando prejuízos e arbitrando taxas de juros. Outra vantagem desse mercado é negociar, a prazo, ativos que ainda não estão fisicamente disponíveis. Como exemplo, seria possível comercializar contratos (com vencimentos futuros) de uma colheita soja que ainda não aconteceu, tendo o produto como ativo-objeto do contrato. No período entre a plantação e a colheita, o produto poderia ser negociado, por meio de contratos, no **mercado de opções** e **mercado de futuros**.

4.2.1 Derivativos

Os **derivativos** são contratos formalizados entre as partes envolvidas que visam estabelecer pagamentos em datas futuras, além de estabelecerem o preço de um ativo, a taxa de juros e a taxa de câmbio que serão aplicas e qualquer outro indicador com significado econômico. A denominação *derivativo* decorre do fato de o seu preço de compra e venda derivar do preço de outro ativo (conhecido como ativo-objeto). Os preços ou cotações bases das operações envolvendo derivativos são negociados em mercados (como o mercado a termo, o mercado de opções e o mercado de futuros).

De acordo com Silva (2008), exemplos dos principais ativos comercializados nos mercados citados são as *commodities*, as quais – durante uma reunião da Organização das Nações Unidas (ONU), realizada em 1948, na capital de Cuba, Havana – foram definidas como sendo "todo produto das atividades agrícola, florestal e pesqueira, e todo mineral, produzidos naturalmente ou que sofressem alguma transformação suficiente para que fosse negociado em quantidades significativas nos mercados mundiais".

Vamos conhecer alguns exemplos de *commodities* comercializadas no mercado de derivativos.

Petróleo

Características	Vantagens
Preço cotado em Dólares por barril.	Boa volatilidade[*] e muito indicado.
Cada contrato de futuro de petróleo é composto por 1.000 barris, porém existem minicontratos com 500 barris.	Em uma projeção gráfica do preço, tende a respeitar os pontos de oscilações.
Vencimentos em todos os meses do ano.	Um dos contratos futuros mais negociados em bolsas.

---

[*] Para Fortuna (2002), *volatilidade* é o grau médio de variação de cotações de uma *commodity*, um título ou fundo de investimento, em um determinado período de tempo.

Milho

Características	Vantagens
Preço cotado em reais por saca.	Apresenta baixa volatilidade.
Cada contrato de futuro de milho é composto por 450 sacas.	Em uma projeção gráfica do preço, tende a respeitar os pontos de oscilações.

Café

Características	Vantagens
Preço cotado em reais por saca.	Em uma projeção gráfica do preço, tende a respeitar os pontos de oscilações.
Cada contrato de futuro de café é composto por 100 sacas.	

4.3 Mercado de futuros

O mercado de futuros é um dos principais atuantes com derivativos. Fortuna (2002) ressalta que o mercado de futuros tem como objetivo básico a proteção de agentes econômicos (produtores primários, industriais, comerciantes, instituições financeiras e investidores) contra as oscilações dos preços de seus produtos e de seus investimentos em ativos financeiros. A principal característica de operações em futuros é a existência de um compromisso em comprar ou vender certa quantidade de um ativo por um preço estipulado, para a liquidação em data futura. Esses compromissos firmados são ajustados diariamente às expectativas do mercado referentes ao preço futuro daquele bem. O ajuste diário é a referência no cálculo da apuração das perdas e ganhos.

Vejamos, a seguir, as principais vantagens do mercado de futuros.

> **Alavancagem**: permite ao investidor assumir posições com valor superior ao que tem depositado em sua conta na corretora.

> **Operacionalização**: o acesso à sistemática de negociações no mercado de futuros é simples, uma vez que, com o auxílio de uma corretora, poderão ser fechados contratos envolvendo ativos financeiros e *commodities* – sempre respeitando os acordos firmados entre as partes envolvidas.

> **Fundamentação da análise**: como o carro-chefe de negociações desse mercado são as *commodities*, o foco de análise para operacionalizar negócios são os preços, os quais estão ligados à relação oferta *versus* demanda (bem diferente do mercado de ações, que, além da disponibilidade e procura do papel, exige a análise de diversos indicadores).

Os principais objetivos do mercado de futuros são facilitar a transferência ou distribuição do risco entre agentes econômicos e promover opções de negócios, com o propósito de agregar valor aos preços de ativos em datas futuras.

A principal importância do mercado de futuros é proporcionar ao investidor a busca por bons preços no mercado físico e o planejamento de suas despesas e receitas futuras a médio e a longo prazo. Outro ponto importante são os preços das *commodities*, os quais apresentam maior expectativa de ganhos futuros, em virtude da inclusão de mais receitas e despesas futuras, relacionadas às oscilações dos preços.

Nos contratos firmados no mercado de futuros também é possível desenvolver estratégias para a redução dos riscos aos quais os ativos-objetos da negociação entre as partes compradora e vendedora estão expostos, pois tanto para o comprador como para o vendedor é possível que a estratégia tenha mais previsibilidade com relação aos preços dos ativos.

Personagens que atuam no funcionamento do mercado de futuros

› **Hedger:** é o agente que assume uma posição no mercado de futuros contrária à sua posição assumida no mercado à vista; geralmente, possui algum vínculo com a mercadoria objeto da negociação.

› **Arbitrador:** é o agente que atua no mercado, buscando tirar proveito das distorções de preços em um mesmo mercado ou em vários mercados.

› **Especulador:** é o agente que assume posição contrária à do *hedger*; atuará no mercado buscando acompanhar sua tendência, de alta ou de baixa, assumindo riscos.

4.3.1 Preço futuro

O preço futuro é formado pelas expectativas com relação ao preço que está sendo negociado no mercado à vista, em uma determinada data futura. Como exemplo, você pode analisar a formação de preços das *commodities* agrícolas, que é a diferença entre o preço futuro de uma mercadoria para um determinado vencimento e o preço à vista dessa mercadoria.

4.3.2 Contratos de futuros

Os principais contratos negociados na bolsa de valores [B][3] são os **contratos financeiros**, que envolvem papéis ou ativos com valores mobiliários, e os **contratos agropecuários**, que, na negociação, envolvem *commodities* agrícolas, como soja, café, milho entre outras.

> **Exemplo de contrato padrão futuro de Dólar**
> › **Ativo-objeto**: é a taxa de câmbio de Real por Dólar, para pronta entrega, contratada em termos da Resolução 1.690/1990 do Conselho Monetário Nacional (Bacen, 1990).
> › **Tamanho do contrato**: US$ 100.000,00.
> › **Cotação**: Valor em reais por cada US$ 1.000,00.
> › **Vencimentos**: todos os meses do ano.
> › **Último dia útil de negociação**: último dia útil do mês anterior ao vencimento.
> › **Data de vencimento do contrato**: primeiro dia útil do mês de vencimento.
> › **Liquidação**: taxa média de venda apurada pelo Bacen, transação Ptax do último dia de negociação.

4.4 Mercado a termo

Segundo Cavalcante Filho e Misumi (2001), o mercado a termo é aquele no qual os negócios são fechados a partir do compromisso de uma das partes em comprar um ativo e da outra em vendê-lo, por um preço específico e em uma data preestabelecida.

A realização dos negócios necessita do auxílio financeiro de uma sociedade corretora, que poderá executar a ordem de compra ou venda do ativo de seu cliente por meio de um de seus representantes (operadores).

De acordo com a [B][3] (2013g), no mercado a termo, o prazo de liquidação, que é preestabelecido em contrato, não pode exceder 180 dias. Geralmente, as operações fechadas nesse mercado apresentam prazo de liquidação de 30, 60, 90 e 120 dias.

Por ser uma operação a prazo, a Companhia Brasileira de Liquidação e Custódia (CBLC) exige o depósito de garantias das partes (vendedor e comprador). A margem de garantia a ser depositada pode ser em dinheiro ou títulos autorizados pela CBLC.

A liquidação do mercado a termo ocorre no vencimento do contrato ou antecipadamente, se assim o comprador desejar, e implica a entrega dos títulos pelo vendedor e no pagamento do preço estipulado no contrato pelo comprador. Na liquidação, o preço à vista, que servirá de parâmetro, poderá estar acima ou abaixo do preço fechado anteriormente no contrato a termo.

Essa liquidação é realizada na CBLC, sob sua garantia, fiscalização e controle. Isso assegura o cumprimento dos compromissos, de acordo com o que as partes envolvidas definiram na negociação.

Fonte: Elaborado com base em [B]³, 2013a, p. 5.

Portanto, as partes assumem a obrigação de comprar ou vender, independentemente do comportamento do preço desse ativo durante a vigência do contrato.

Vamos analisar como é negociada uma operação de compra no mercado a termo. Inicialmente, observe a operação no mercado à vista.

Operação do mercado à vista
- Empresa: CLP
- Quantidade: 1.000 ações
- Cotação da ação: R$ 15,00
- Valor da operação à vista: R$ 15.000,00

Operações no mercado a termo
> - Taxa de financiamento (Ibovespa) no mercado a termo para 30 dias: 1,30%
> - Valor da operação à vista: R$ 10.000,00
> - Juros: R$ 199,50
> - Cotação a termo: R$ 15,19
> - Valor da operação a termo: R$ 10.199,50

Assim, se a cotação estiver R$ 16,00 no vencimento do contrato (30 dias), o investidor pagará R$ 15,19, que significa o preço contratado no início da operação a termo. O mesmo ocorre se a cotação for R$ 15,00: o investidor pagará o preço contratado de R$ 15,19. Ou seja, independente do valor da cotação no vencimento do contrato, o investidor pagará o preço a termo.

O objetivo principal da operação foi buscar a proteção de preço. Esse tipo de operação exige **margem de garantia**, que pode ser dinheiro, Certificado de Depósito Bancário (CDB) e ações de empresas. A ação-objeto de negócio jamais pode ser utilizada como margem de garantia, no caso do comprador do contrato a termo.

Entre as principais diferenças do mercado de futuros para o mercado a termo, podemos afirmar que o primeiro tem como objetivo a proteção, e a liquidação poderá ser feita durante todo o contrato; já o segundo apresenta como objetivo a entrega do ativo envolvido, e a liquidação somente poderá ser concretizada no vencimento do contrato.

4.5 Mercado de opções

Segundo Fernandes (1999), **opções** são contratos que estabelecem direitos ao titular e deveres ao lançador de futuros de compra (*call*) ou venda (*put*) de ativos a um preço predefinido.

Por esse direito, o titular (comprador) da opção paga um prêmio ou preço da opção. O valor do prêmio é negociado entre titular e lançador por meio dos representantes das sociedades corretoras em bolsa de valores.

Já o lançador (vendedor) possui a obrigação de comprar ou vender determinado ativo a um preço de exercício, se for exercido em uma certa data. Por essa obrigação, o lançador da opção recebe um prêmio ou preço da opção, que é pago pelo titular.

4.5.1 Características que compõem as negociações de opções

> **Titular**: é o proprietário ou comprador da opção, aquele que detém o direito de comprar ou vender. Para exercer esse direito, paga um prêmio acordado entre as partes envolvidas.

> **Lançador**: é o vendedor da opção, ou seja, aquele que tem a obrigação de comprar ou vender o ativo, se o titular assim o desejar.

> **Tipos de opções**: opção de compra (*call*) compreende o direito de comprar o ativo por um determinado preço, se assim desejar o investidor; opção de venda (*put*) é o direito de vender o ativo por um determinado preço.

> **Ativo-objeto**: é o produto utilizado como base de referência à opção, à mercadoria ou ao ativo financeiro.

> **Prêmio**: corresponde ao preço de negociação da opção definido pelo mercado, ou seja, é o preço que o titular paga

pela opção ao lançador. O prêmio é pago no ato da negociação, sem direito à devolução.

> **Preço de exercício ou strike price**: refere-se ao valor futuro pelo qual o ativo será negociado ou o preço pelo qual o titular pode exercer o seu direito.

> **Data de vencimento**: corresponde ao dia em que a posição pode ser exercida ou em que cessam os direitos do titular de exercer sua opção.

> **Séries de uma opção**: quando há lançamento de opções, as bolsas o fazem por séries que compreendem a fixação do preço de exercício para uma mesma data, sendo cada série identificada por um código, mostrando se a opção é de venda ou de compra e qual é o mês de vencimento.

> **Opção coberta**: o lançador vincula o ativo objeto da negociação como garantia da operação.

> **Opção descoberta**: o lançador não efetua o depósito da totalidade do ativo objeto, ou seja, vende uma opção sem depositar as ações que terá de entregar, caso a opção pelo comprador seja exercida.

Quadro 4.1 – Características de opções de compra (call) *e venda* (put)

Compra (call)		*Venda* (put)	
Titular (Comprador)	Lançador (Vendedor)	Titular (Comprador)	Lançador (Vendedor)
Direito de comprar	Obrigação de vender	Direito de vender	Direito de comprar
Paga o prêmio	Recebe o prêmio	Paga o prêmio	Recebe o prêmio

4.5.2 Diferenças entre o mercado de opções e o mercado de futuros

Segundo Hull (1996), as principais diferenças entre o mercado futuro e o de opções podem ser vistas no Quadro 4.2.

Quadro 4.2 – Comparativo entre mercado de futuros e de opções

Mercado Futuro	Mercado de opções
O cliente compra ou vende contratos para a entrega ou recepção futura de algum ativo.	O cliente compra uma opção de compra/venda (*call/put*) sobre algum ativo, a um preço de exercício para um período determinado.
O cliente que não desejar entregar ou receber o ativo físico na data futura especificada poderá liquidar seus contratos no mercado em que são negociados esses futuros.	O cliente paga ou recebe um prêmio pela compra ou venda da opção, podendo liquidar sua posição antes do exercício, com operações contrárias à original.
O cliente deve depositar uma garantia específica como margem inicial; geralmente, entre 5% e 20% do valor do contrato.	As ordens são negociadas em mercados específicos e podem ser liquidadas sem a necessidade de exercê-las.
A margem poderá ser ajustada diariamente em função da variação dos preços dos contratos abertos à negociação; tanto o comprador quando o vendedor depositam margem.	A compra de uma opção carrega, como risco máximo, o prêmio. Não existe requisito de depósito de margem para a mesma.
A opção de entrega é do vendedor.	A opção de entrega é do comprador.
O cliente recebe um crédito pelo ganho ou pela perda referente ao ajuste diário de preços do ativo objeto	A venda de uma opção a descoberto, que corresponde a falta de valor monetário imediato, pode representar exposição aos riscos que o ativo está exposto e requerer depósito de margem.

Fonte: Elaborado com base em Hull, 1996.

As opções podem ser classificadas em *europeias*, que são exercidas pelo titular apenas na data de vencimento, e *americanas*, que são exercidas pelo titular a qualquer momento dentro da vigência do contrato. Vale ressaltar que a opção europeia deve ser exercida na data de vencimento, porém nada impede que seu detentor venda-a. No mercado de opção brasileiro são fechados volumes maiores de negociação na opção americana.

4.5.3 Precificação de opções: modelo *Black & Scholes* (B&S)

Fischer Black e Myron Scholes (1973) abordaram pela primeira vez a precificação de opções em ações do tipo europeia por meio de um modelo denominado *Black & Scholes* (B&S). Segundo os referidos autores, o modelo é de fácil implementação, pois depende basicamente da volatilidade dos retornos do ativo-objeto em um determinado período de tempo, além da taxa livre de risco.

O modelo B&S parte do princípio de que a distribuição normal para a rentabilidade do ativo é capitalizada de forma contínua, assumindo volatilidade constante durante o período de existência da opção. No entanto, isso pode reduzir a capacidade de previsão dos valores do prêmio negociado, sendo necessário buscar alternativas para o cálculo dessa volatilidade.

Na sequência, veremos a metodologia, usada no modelo B&S, a qual ajudou a aumentar muito os negócios no mercado de opções ao oferecer o cálculo do prêmio "justo", permitindo às empresas encontrar maior público para fazer *hedge** sobre

---

* Durante os estudos deste capítulo, encontramos a prática de *hedge*, que tem o foco de proteger as empresas contra possíveis oscilações de preços, que podem ocasionar riscos ao investidor participante dos referidos mercados. Para Capela e Hartman (2000, p. 235), *hedge* é "uma forma de proteção utilizada pelas empresas para protegerem-se contra taxas flutuantes. Por exemplo, uma empresa pode firmar um contrato futuro como uma forma de eliminar riscos associados a uma mudança desfavorável na taxa cambial".

as variações de preços das *commodities* que negociam, reduzindo o risco de mercado por meio do prêmio captado, que será utilizado para compensar possíveis perdas nas oscilações do preço.

Cálculo do prêmio "justo" do modelo B&S

$PR_c = S \times N \times (d_1) - K \times e^{-rt} \times N(d_2)$

$PR_p = K \times e^{-rt} \times [1 - N(d_2)] - S \times [1 - N(d_1)]$

$R = \ln(1 + R)$

$$d_1 = \frac{\ln(S/K) + (r + \sigma^2/2)t}{\sigma\sqrt{t}}$$

$d_2 = d_1 - \sigma \times \sqrt{t}$

Sendo:
> **PR_c**: prêmio "justo" da *call* europeia, com vencimento em *t* e o preço de exercício *K*.
> **PR_p**: prêmio "justo" da *put* europeia, com vencimento em *t* e o preço de exercício *K*.
> **S**: preço atual do ativo objeto no mercado à vista.
> **K**: preço futuro combinado de exercício da opção europeia.
> **σ**: volatilidade adimensional anual do preço do ativo objeto no mercado à vista.
> **r**: taxa de juros anual, livre de riscos, capitalizada continuamente.
> **R**: taxa de juros anual, livre de riscos, capitalizada discretamente.
> **t**: fração anual de tempo para o vencimento da opção.
> **N(d)**: probabilidade acumulada da ocorrência de valores sob distribuição normal padronizada.

Síntese

O **mercado de derivativos** auxilia nos negócios fechados com vencimentos futuros. Com base na negociação das cotações dos preços à vista, fomenta mercados que visam à diversificação para reduzir possíveis riscos.

No mercado de derivativos, podemos trabalhar com **contratos de futuros**, a **termo** e de **opções**.

Derivativos são contratos formalizados entre as partes envolvidas e visam estabelecer pagamentos em datas futuras, envolvendo aspectos como: o preço de um ativo, a taxa de juros e a taxa de câmbio ou qualquer outro indicador com significado econômico.

A característica principal das operações no mercado de futuros é que uma parte se compromete a comprar ou vender certa quantidade de um ativo por um preço estipulado para a liquidação em data futura, sendo que os compromissos firmados são ajustados diariamente.

No **mercado a termo**, os negócios são fechados a partir do compromisso de uma das partes em comprar um ativo e da outra em vendê-lo por um preço específico em uma data preestabelecida, sendo que a liquidação deverá ser realizada no vencimento do contrato.

Já no **mercado de opções**, os contratos são negociados respeitando a condição de que uma das partes terá somente o direito de compra ou venda de acordo com a opção (titular) e a outra parte terá somente a obrigação de compra ou venda de acordo com a opção (lançador).

O **modelo B&S** parte do princípio que a distribuição normal para a rentabilidade do ativo é capitalizada de forma contínua, assumindo volatilidade constante durante o período de existência da opção.

Exercício resolvido

1. **Um investidor comprou, no mercado de opções, o direito de venda (*put*) de um lote de 1.000 ações. Que direito é esse?**

   Como o direito de uma opção de venda foi adquirido, o titular exigirá do lançador a obrigação de compra, em data acordada, no fechamento do contrato – por esse direito, o titular pagará um prêmio ao lançador.

Questões para revisão

1. O mercado que apresenta como características o ajuste diário dos preços do ativo objeto e a liquidação antes da data determinada no contrato é o:

   a) mercado a termo.

   b) mercado de futuros.

   c) mercado à vista.

   d) mercado de opções.

2. Os contratos firmados neste mercado apresentam uma parte que tem somente o direito de compra, exercido mediante ao pagamento de um prêmio, e outra parte que tema obrigação de vender. Estamos falando do:

   a) mercado a termo.

b) mercado de futuros.

c) mercado à vista.

d) mercado de opções.

3. Nos negócios firmados neste mercado, as partes assumem a obrigação de comprar ou vender, independentemente do comportamento do preço do ativo durante a vigência do contrato. A afirmação refere-se ao:

   a) mercado a termo.

   b) mercado de futuros.

   c) mercado à vista.

   d) mercado de opções.

4. Um investidor comprou em determinada data (D+0) 1.000 ações PETR4 no mercado futuro de ações, por R$ 45,00 cada ação, com vencimento para o próximo mês. O preço de ajuste do dia, calculado após o fechamento do pregão, foi de R$ 44,82.

   a) O que acontecerá com o comprador e o vendedor nessa operação, no que tange ao ganho final?

   b) Quem receberá um débito na conta e qual será o valor?

   c) Quem receberá um crédito na conta e qual será o valor?

5. Com base no conteúdo sobre o mercado de derivativos abordado neste capítulo, elabore um texto dissertativo contemplando o tema preço futuro.

5 operando em bolsas de valores

conteúdos do capítulo

> Popularização das bolsas de valores.
> Perfis de investidores.
> Investidor iniciante.
> Código [B]³ para ações em negociação.
> Despesas incorridas na negociação.
> Leitura das cotações.
> Formas de comercialização de ações.

após o estudo deste capítulo, você será capaz de:

1. analisar os perfis de investidores existentes no mercado financeiro;
2. compreender as características das formas de operação em bolsas de valores;
3. conhecer a metodologia de leitura das cotações de ações.

5.1 Popularização das bolsas de valores

Durante muito tempo, investir em bolsas de valores era privilégio de poucos, pois muitos visualizavam o mercado acionário como um verdadeiro cassino. Isso acontecia pela falta de informação das pessoas, além, é claro, da cultura, pois fomos educados a investir sempre em aplicações seguras, como a poupança, na qual ganhamos pouco, mas não colocamos nosso capital acumulado em risco.

Atualmente, investir em bolsas ficou mais conhecido e "popularizado", pois não é necessário possuir um valor muito alto para começar a investir. Com cerca de R$ 100,00 (ou valores até menores, dependendo do preço da ação-objeto de compra), pode-se começar a aplicar nesse segmento.

Conhecemos, no Capítulo 3, o Índice Bovespa (Ibovespa), que é o índice que mensura diariamente a variação nos preços e nos negócios fechados envolvendo o papel ação, com base em uma carteira teórica composta por 68 ações, e que representa o termômetro do mercado acionário brasileiro. Neste capítulo, veremos que, para operar em bolsa, principalmente quando se é iniciante, é importante seguir constantemente a variação do comportamento desse indicador para não ser pego de surpresa.

Qual caminho deve ser seguido para operar em bolsas de valores e nos seus respectivos mercados?

Inicialmente, é importante classificar em qual perfil de investidor você se enquadra.

5.2 Perfis de investidores

Todos os investidores devem, antes de começar a investir, buscar compreender o seu perfil de investimentos.

Para Fortuna (2002), os perfis de investidores podem ser classificados em *conservador, moderado* ou *arrojado*. Veja o Quadro 5.1 a seguir.

Quadro 5.1 – Classificação dos perfis dos investidores

Conservador	*Moderado*	*Arrojado*
› Investidor focado em ganhos fixos ao longo do tempo; › Não coloca em risco o montante principal de seu capital; › É avesso a aplicações que possam contabilizar perdas do capital investido; › Aprecia investimentos como poupança e renda fixa, nos quais a exposição ao risco é mínima.	› Investidor aberto a dividir o capital aplicado em renda fixa e variável, geralmente 50% para cada; › Objetiva a busca de ganhos divididos, ou seja, protege parte do capital e arrisca a outra parte para contabilizar um ganho além de investimentos conservadores; › Aprecia investimentos em fundos com parte do capital investido em renda fixa e parte em ações de boa liquidez nas bolsas.	› Investidor que se expõe a arriscar o capital constantemente, porém de forma previamente calculada para não se tornar um "apostador". › Seu horizonte de investimentos é de longo prazo e o seu mercado preferido é o de bolsa de valores. › Aprecia aplicações em carteiras de ações no mercado acionário, além de fundos de investimentos formados majoritariamente por ações de empresas listada na [B][3].

Vale ressaltar que o investidor arrojado prefere se expor a riscos em volume maior que os outros perfis, para auferir ganhos maiores, porém de forma prudente e calculada.

Agora que você já identificou o seu perfil, vamos conhecer e entender como todos podem operar e buscar opções de investimentos em bolsas de valores.

Para todos os perfis, o caminho de investimento em bolsas é único e a receita é a mesma: sempre agir com frieza e calma, pois as oscilações dos preços são constantes e você não pode efetivar a venda de papéis quando estes estão em queda. Caso faça isso, estará contabilizando prejuízo. Então, a dica é esperar o tempo passar e o mercado da sua ação recuperar as perdas para, então, efetivar a venda. É realmente um jogo de paciência e de estudos calculados.

Mas quando se deve comprar ações?

De preferência, quando estiverem em queda, uma vez que é nesse momento que as oportunidades de ganhos são atrativas. Se você comprar ações em queda e aguardar a valorização do papel, em longo prazo, obterá desempenhos satisfatórios.

Outro ponto importante para todos os perfis de investidores é: ao iniciarem no mercado acionário, devem, primeiro, buscar a **diversificação do capital** que possuem para investir (ou seja, do total que podem investir em bolsas e que não lhes fará falta) e, depois, pulverizar a compra das ações, ou seja, jamais se deve concentrar o valor investido em uma única ação, de uma só empresa.

5.3 Investidor iniciante

Um investidor que pretende operar, pela primeira vez, em bolsa deve inicialmente obter acesso ao pregão eletrônico da [B][3] por meio de uma corretora que solicitará uma documentação para cadastro. No ambiente das bolsas de valores, somente as Corretoras de Títulos e Valores Mobiliários (CTVM) podem intermediar a compra e venda das ações. Caso o investidor se dirija a uma agência bancária para negociar ações em bolsa de valores, o banco deverá encaminhá-lo a uma corretora. Vale ressaltar que o limite de operações com alavancagem (negócios sem lastro de saldo em conta) será concedido ao investidor pessoa física mediante a análise do cadastro pela corretora.

Outro fator importante para o investidor iniciante é conhecer os personagens que atuam em bolsas de valores. Para Fortuna (2002), eles são classificados de acordo com as práticas que exercem no mercado e o horizonte de investimentos, veja:

> **Especulador**: participante do mercado acionário que aceita correr riscos, que visa ao ganho financeiro em curto prazo e assume exposição aos riscos.
> **Manipulador**: participante do mercado de ações que possui informações privilegiadas sobre uma empresa ou que possui dinheiro suficiente para conduzir os preços de uma ação na direção que deseja.
> **Investidor**: participante do mercado que tem objetivos de longo prazo como prioridade.

5.4 Código [B]³ para ações em negociação

Tanto o investidor iniciante quanto o experiente utilizam, em bolsas de valores, o código do papel ação para realizar as operações de compra e venda.

É por meio desse código que o investidor poderá acompanhar o comportamento do seu investimento em ações pela divulgação da cotação do papel pela bolsa de valores.

Para qualquer inciante, entender a leitura do código da ação é um fator fundamental para se começar a investir. Na [B]³, as ações são dispostas no pregão por meio de uma codificação específica que distingue uma ação da outra. Veja exemplos a seguir:

Gol Linhas Aéreas Inteligentes S.A.

> **Gol ON N2:** Código [B]³ = GOLL3
> **Gol PN N2:** Código [B]³ = GOLL4

O N2 significa que a Gol é uma companhia classificada como nível 2 de governança corporativa na [B]³. GOLL é o código que identifica a empresa na [B]³. O final 3 ou 4 determina se a ação é do tipo Ordinária Nominativa (ON) ou Preferencial Nominativa (PN), respectivamente.

Natura Cosméticos S.A. (Natura)

> **Natura ON MN:** Código [B]³ = NATU3

O NM significa que a Natura é uma companhia classificada no novo mercado da [B]³. NATU é o código que identifica a empresa na [B]³. O final 3 determina que a ação é do tipo ON.

5.5 Despesas incorridas na negociação

> **Corretagem**: é a taxa de remuneração que o auxiliar financeiro cobra na compra ou venda de títulos. Para operações registradas na [B]³, será livremente pactuada entre a Sociedade Corretora de Títulos e Valores Mobiliários (SCTVM) e seus clientes.

> **Custódia**: é uma operação de guarda de títulos do mercado de ações que é controlada e gerenciada pela Câmara Brasileira de Liquidação e Custódia (CBLC*).

> **Emolumentos**: são custos pagos pelos investidores para utilizar o espaço organizado para as negociações de compra e venda nas bolsas de valores. Atualmente, tanto os compradores quanto os vendedores, segundo a [B]³ (2013b), pagam 0,0050% referente a emolumentos sobre o valor da operação.

5.6 Leitura das cotações de ações

Para Cavalcante Filho e Misumi (2001), a leitura das cotações de uma ação pode ser realizada da seguinte forma:

> **Valor de mercado**: é o valor pelo qual os investidores estão dispostos a comprar ou vender uma ação em um determinado momento.

> **Valor patrimonial ou contábil**: é determinado pelo valor do patrimônio líquido da empresa (soma dos ativos da empresa

---

* Conforme foi explicado no Capítulo 2, a CBLC é uma sociedade anônima que tem como objetivo a prestação de serviços de compensação e liquidação física e financeira de operações realizadas nos mercados à vista e a prazo da Bolsa de Valores de São Paulo ([B]³) e de outros mercados. O custo de custódia é cobrado mensalmente direto do acionista.

menos os passivos) dividido pelo número de ações, ou seja, VPC = VPL/Nº ações.

> **Valor nominal**: é o resultado da divisão do capital social pela quantidade de ações emitidas. O valor de resultado deve estar previsto e registrado no estatuto da companhia.

5.6.1 Formas de comercialização de ações

Agora que já conhecemos a metodologia de leitura das cotações de ações, é necessário saber de que forma estas são comercializadas no mercado acionário. Para Cavalcante Filho e Misumi (2001), as ações apresentam duas formas de comercialização:

1. **Lote padrão**: define a quantidade mínima de ações que é negociada no mercado principal.

2. **Lote fracionário**: é a quantidade de ações inferior ao lote padrão e estas são negociadas no mercado fracionário.

Exemplo
Um investidor deseja adquirir 60 ações ON da Vale. Sabemos que o lote padrão é de 100 ações. Portanto, ele comprará as ações no mercado fracionário.

Síntese

Neste capítulo, conhecemos os caminhos fundamentais para operar em bolsas de valores, tanto para investidores iniciantes quanto para investidores experientes, levando em consideração os diferentes perfis de investidores:

> **Conservador**: é o investidor focado em ganhos fixos;

> **Moderado**: é o investidor que está aberto a dividir o capital aplicado em renda fixa e variável, geralmente 50% para cada;

> **Arrojado**: é o investidor que se expõe a arriscar o capital constantemente, porém de forma previamente calculada, para não se tornar um "apostador".

Além disso, vimos que *Home Broker* é um canal eletrônico de relacionamento entre os investidores e as sociedades corretoras da [B]³, que permite transações (que são realizadas pela internet) de ordens de compra e de venda de ações.

Estudamos, também, a leitura das cotações de ações:

> **Valor de mercado**: valor pelo qual os investidores estão dispostos a comprar ou vender aquela ação naquele determinado momento.

> **Valor patrimonial ou contábil**: determinado pelo valor do patrimônio líquido da empresa (soma dos ativos da empresa menos os seus passivos) dividido pelo número de ações, ou seja, VPC = VPL /Nº ações.

> **Valor nominal**: resultado da divisão do capital social pela quantidade de ações emitidas. O valor de resultado deve estar previsto e registrado no estatuto da companhia.

Exercício resolvido

1. Um investidor possui perfil conservador e deseja investir todo o seu capital (R$ 100.000,00) na bolsa de valores. Qual o cuidado principal que ele deverá tomar?

O principal seria não aplicar todo o capital que possui, mas começar com um valor menor e, ainda assim, diversificar a aplicação desse valor para evitar a concentração de risco em um único papel.

Questões para revisão

1. Apresenta característica de um investidor que se expõe a arriscar o capital constantemente, porém de forma previamente calculada para minimizar a exposição aos riscos. Estamos falando do perfil de investidor:

    a) conservador.

    b) moderado.

    c) arrojado.

    d) desajustado.

2. É o participante do mercado acionário que aceita correr riscos, visando ao ganho financeiro no curto prazo. A afirmação refere-se ao:

    a) especulador.

    b) arbitrador.

    c) investidor.

    d) *hedger*.

3. Esta cotação representa o efetivo preço de negociação da ação na bolsa de valores. Estamos falando do valor:

a) contábil.

b) precificado.

c) nominal.

d) de mercado.

4. No mercado de bolsa de valores, é sempre importante definir suas estratégias de investimentos; com isso, encontraremos personagens com objetivos diferentes, mas buscando ganhos financeiros. A questão é: Quais os perigos de um aplicador em bolsas com perfil arrojado ser especulador?

5. Com base no conteúdo sobre leitura de cotação de ações abordado neste capítulo, elabore um texto dissertativo contemplando os seguintes temas:

a) Valor de mercado da ação.

b) Valor patrimonial ou contábil da ação.

c) Valor nominal da ação.

parte III

canal de gestão de riscos e
análise de investimentos

6
gerenciamento de riscos

conteúdos do capítulo

> Riscos.
> Gestão de riscos.
> Risco *versus* retorno.
> Diversificação: vantagens e limites de redução do risco.
> Acordo de Basileia.

após o estudo deste capítulo, você será capaz de:

1. compreender os principais riscos que os papéis do mercado de capitais estão expostos;
2. conhecer o sistema de classificação do grau de risco.

6.1 Riscos

Até o momento, falamos muito sobre opções e caminhos para investir nossos recursos. Você deve estar se perguntando: "O que devo fazer para não correr riscos na hora de investir?". A resposta para essa questão está no fato de o risco sempre existir, em qualquer tipo de investimentos em papéis, títulos, imóveis ou outros.

O nosso papel é fazer uma análise criteriosa antes de investir, buscando minimizar a exposição aos riscos inerentes à aplicação escolhida. Para gerenciar riscos precisamos entender seu conceito. Logo, a questão é: O que é risco?

Para Assaf Neto (1999), o risco indica o nível de incerteza associado a um acontecimento. O risco total a que um investimento está exposto se divide em:

> **Risco econômico**: tem origem nas conjunturas econômica do mercado (concorrência) e da gestão estratégica de um fundo ou empresa.

> **Risco financeiro**: está relacionado às decisões de curto prazo de um fundo ou de uma empresa.

6.1.1 Risco sistemático e não sistemático

Assaf Neto (1999) classifica o risco econômico como *risco sistemático* ou *conjuntural* e o risco financeiro como *não sistemático*.

O **risco sistemático** é inerente a todos os ativos negociados no mercado, sendo determinado por eventos de natureza política, econômica e social. Assaf Neto (1999) explica que o risco sistemático tem suas origens nas taxas de juros da economia, no processo inflacionário e na situação política do país.

O **risco não sistemático** tem origem nas características do próprio ativo e pode ser minimizado pela inclusão na carteira de ativos negativamente correlacionados.

Os principais tipos de riscos econômicos são:

> **Risco do negócio**: está ligado às mudanças comportamentais no nicho em que o negócio está inserido, gerando efeitos colaterais para os seus investidores. Como exemplo, podemos citar a fusão de duas empresas formando um novo empreendimento. Nesse caso, os acionistas de ambas as empresas estão expostos ao risco do novo negócio não ser igual ao antigo.

> **Risco de mercado**: está diretamente relacionado às flutuações de preços e taxas, ou seja, às oscilações ocorridas no mercado de bolsas de valores, mercados de taxas de juros e mercado de câmbio (dentro e fora do país), que trazem reflexos diretos nos preços dos ativos.

> **Risco de crédito**: está relacionado a possíveis perdas quando as contrapartes não desejam ou não são capazes de cumprir suas obrigações contratuais. Ocorre, também, gerando possíveis perdas, quando a classificação dos devedores é rebaixada pelas agências especializadas (agências de *rating* – empresas especializadas em classificar o risco de operações ou empresas), causando redução no valor de mercado de suas obrigações.

Os fatores de risco de crédito, segundo Fortuna (2002), são:

> **Fator taxa de juros**: gerado por perdas financeiras de uma carteira decorrentes de mudanças adversas realizadas nas taxas de juros.

> **Fator taxa de câmbio**: gerado por perdas ocasionadas por oscilações adversas em ativos indexados a moedas estrangeiras.

> **Fator commodities**: gerado por perdas em oscilações imprevistas nos preços dos ativos atrelados a produtos agrícolas, pecuária ou extração mineral.

> **Fator ações:** gerado por perdas ocasionadas por oscilações nos preços das ações presentes em uma determinada carteira.

> **Fator derivativos:** gerado por perdas provenientes de variações no valor de posições em operações fechadas no mercado a termo, de futuros e de opções.

> **Fator hedge:** gerado por perdas decorrentes da imperfeição de um *hedge*, devido à limitação de instrumentos financeiros existentes.

> **Fator concentração:** gerado por perdas em função de investimentos concentrados em determinados indexadores, moedas, instrumentos ou vencimentos, levando a uma exposição maior em virtude da concentração de operações num mesmo tipo de ativo ou setor da economia, cliente, grupo econômico ou região geográfica:

> **Fator inadimplência:** perdas em função do atraso do devedor para honrar uma dívida contraída.

> **Fator de gradação de garantias:** perdas em função de redução do valor das garantias constituídas por conta de empréstimos e motivadas por depreciação ou condições de mercado.

> **Fator país:** perdas em função de eventos inesperados ocorridos em países estrangeiros e que possam influenciar devedores externos em remeter divisas para pagamento de suas obrigações nas operações de comércio exterior ou nas transações internacionais.

6.1.2 *Rating*

Com relação ao risco de crédito, encontramos os níveis de riscos classificados e mensurados pela Resolução nº 2.682, de 21 de dezembro de 1999, do Banco Central do Brasil (1999), conhecidos como *níveis de rating*.

O *rating* é uma forma de medição de risco (seja de crédito, mercado ou investimento), podendo classificar desde uma pessoa ou empresa até um país, e confere ao avaliado uma sequência de letras que indicam a confiança que podemos ter neles.

O *rating* resulta de um modelo quantitativo e qualitativo a ser escolhido e que é de responsabilidade de cada instituição. As técnicas quantitativas utilizam indicadores econômico-financeiros do desempenho passado (por exemplo: índices de liquidez, grau de endividamento, qualidade dos ativos entre outros), visando identificar dificuldades em saldar compromissos (no presente e no futuro), bem como a realizar avaliação setorial do ramo de atuação da empresa. As técnicas qualitativas são compostas por indicadores obtidos por meio de dados cadastrais e comportamentais.

Quadro 6.1 – *Classificação do* rating, *segundo a Resolução nº 2.682 de 1999 (Bacen, 1999) que versa sobre o percentual de provisão nas operações de crédito concedidas por instituições financeiras*

Rating	valor e percentual a provisionar %
Nível AA	0,0
Nível A	0,0
Nível B	1,0
Nível C	3,0
Nível D	10,0
Nível E	30,0
Nível F	50,0
Nível G	70,0
Nível H	100,0

Fonte: Elaborado com base em Bacen, 1999.

Ainda na aplicação do conceito de rating existe a metodologia das agências de classificação de riscos que avaliam o grau e a escala de riscos para investidores seja no âmbito local ou global (Brasil e Mundo). As principais agências de classificação de rating são: Fitch Ratings; Standard & Poor's; Moody's. A figura a seguir apresenta uma adaptação método de avaliação dessas agencias para escalar o grau de risco de um investimento de um título ou ativo no Brasil e também nos países do mundo. É importante destacar que quanto maior for a quantidade de letras menor será o risco e maior a confiança do investidor no papel do país ou do mundo. A escala é caracterizada de A a D sendo o A menor chance de calote e D maior chance de calote, ou seja, risco de perda.

Figura 6.1 – Classificações das agências de risco

Fitch Ratings	Moody's	Standard & Poor's		Significado na escala
AAA AA+ AA AA− A+ A A−	Aaa Aa1 Aa2 Aa3 A1 A2 A3	AAA AA+ AA AA− A+ A A−		Grau de investimento com qualidade alta e baixo risco
BBB+ BBB BBB−	Baa1 Baa2 Baa3	BBB+ BBB BBB−		Grau de investimento, qualidade média
BB+ **BB** BB− B+ B B−	Ba1 **Ba2** Ba3 B1 B2 B3	BB+ **BB** BB− B+ B B−		Categoria de especulação, baixa classificação
CCC CC C RD D	Caa1 Caa2 Caa3 Ca C	CCC+ CCC CCC− CC C D		Risco alto de inadimplência e baixo interesse

Fonte: Elaborado com base em G1, 2016, citado por Ismar, 2021.

6.1.3 Risco país

De acordo com o Bacen (2012), o risco país (também denominado *Emerging Markets Bond Index Plus* – EMBI+) mede o grau de "perigo" que um país representa para o investidor estrangeiro. Esse indicador se concentra nos países emergentes. Na América Latina, os índices mais significativos são os relativos às três maiores economias da região: Brasil, México e Argentina.

Os títulos da dívida pública de um determinado país serão utilizados para mensurar o grau de capacidade que o país possui em liquidar o papel com o credor. Mediante a esse grau de confiabilidade obtém-se o indicador de risco daquele país.

É dever de todos os investidores avaliar o grau de confiança do seu país sempre que for investir em ativos comercializados no mercado nacional, uma vez que o risco país interfere diretamente na conjuntura econômica financeira e, dessa forma, pode colocar a exposição de cenários incertos para ativos de investimentos como papéis de valores mobiliários, cotas de fundos de investimentos, imóveis entre outros.

6.1.4 Risco de liquidez

O risco de liquidez está associado à dificuldade de se transformar um ativo financeiro em dinheiro, ou seja, a liquidez do papel no mercado.

> Quando não há compradores para um determinado ativo (pode ser um automóvel), mas há quem queira vendê-lo, o preço do ativo tende a cair até que alguém se interesse em comprá-lo.

6.1.5 Riscos de investimentos em ações

Um investidor, quando adquire uma ação de determinada organização, deve saber que assumirá um risco de empresa, ou seja, caso o empreendimento apresente problemas financeiros ou administrativos, o investidor responderá por ser parte integrante do negócio, além de perder capital com a desvalorização do papel.

Vale lembrar que além, do risco de empresa, uma ação está exposta também aos riscos de mercado e liquidez, uma vez que sofre com as oscilações dos preços e seu o papel pode sofrer com a procura de interessados em pagar o preço justo em determinado momento.

6.2 Gestão de riscos

Administrar riscos significa formular estratégias que poderão mensurar, controlar e gerenciar riscos. Trata-se de um processo contínuo para identificar e capitalizar oportunidades que evitem exposições desnecessárias e alcance resultados satisfatórios para o valor investido.

Para Pinheiro (1998), no gerenciamento de riscos, é necessário haver:

> **Supervisão pela alta administração**: em casos de gestão de carteiras de fundos de investimentos; na compra e venda de ações, é realizada por corretoras que prestam auxílio financeiro ao investidor.

> **Políticas adequadas, procedimentos e limites**: desenvolver as diretrizes de condução de uma gerência de risco é fundamental

para estabelecer quais ferramentas de acompanhamento serão utilizadas e quais regras deverão ser seguidas mediante a estratégia de investimento e os limites permitidos para exposição aos riscos.

> **Mensuração adequada de riscos, monitoramento e sistemas de relatórios**: acompanham, por meio de aplicativos e informações de mercado, as evoluções dos riscos aos quais os investidores estão constantemente expostos.

Além de todos os cuidados mencionados anteriormente, o investidor pode ainda estar exposto a riscos operacionais que estão ligados a contratos mal elaborados, erros administrativos, controles internos insuficientes e erros na execução de transações financeiras, os quais podem interferir diretamente no ativo negociado.

6.3 Risco *versus* retorno

Cada investidor tem sua tolerância a riscos. Como vimos no Capítulo 5, existem investidores **arrojados**, que suportam altos riscos em busca de maior retorno, e há também os **conservadores**, que desejam o mínimo de risco, ainda que isso implique retornos menores. Cada investimento apresenta sua combinação de risco e retorno. Existe uma tendência de elevação dos retornos à medida que aumentam os riscos. O sonho de todo investidor, seja ele de renda fixa ou variável, é ter o maior retorno possível sem correr nenhum risco. Como isso não é possível, diante das várias opções de investimento, ele deve ser capaz de escolher aque melhor atende a sua necessidade, considerando os riscos e os retornos esperados.

Observe o Gráfico 6.1, no qual os pontos A, B, C e D representam diferentes investimentos.

Gráfico 6.1 – Relação risco versus retorno

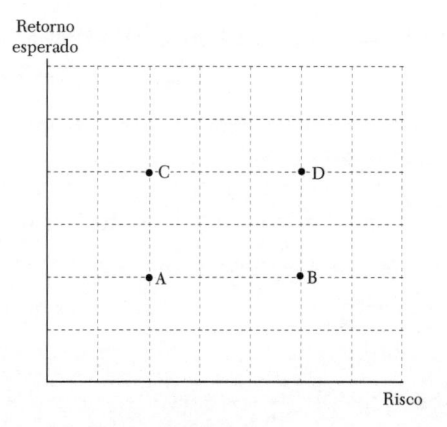

```
Retorno
esperado
                •C           •D


                •A           •B


                                    Risco
```

Fonte: Elaborado com base em Cavalcante Filho; Misumi, 2001.

Repare que os investimentos A e B oferecem o mesmo retorno, mas com riscos diferentes. Logo, um investidor provavelmente terá preferência pelo investimento A. No entanto, ao compararmos os investimentos A e C, veremos que os riscos são exatamente iguais, mas o investimento C apresenta retorno muito maior. Um investidor, ao se deparar com essas opções de investimento, deveria escolher o investimento C, pois é o que apresenta a melhor relação entre risco e retorno. É claro que na prática as opções não se mostram de maneira tão clara e nem sempre a melhor opção é acessível a todos os investidores. Para entender melhor, suponha que A e C sejam dois fundos de investimento. O fundo A tem valor mínimo de aplicação de R$ 1.000,00 e o fundo C tem valor mínimo de R$ 1.000.000,00. Caso não disponha de R$ 1.000.000,00 para aplicar, o fundo C deixaria de ser uma opção para o cliente, ainda que teoricamente seja melhor.

6.4 Diversificação: vantagens e limites de redução do risco

Diversificar é pulverizar os investimentos, ou seja, minimizar os riscos. Quando você concentra suas aplicações em apenas uma modalidade, passa a depender exclusivamente do resultado que esta proporcionar, seja lucro, seja prejuízo. Na diversificação dos investimentos, você atinge uma fragmentação de resultados, podendo compensar uma perda em uma modalidade de aplicação com o ganho gerado por outra. A diversificação é uma estratégia que deve ser utilizada sempre que houver investimentos com variação de rendimentos, que chamamos de *renda variável*. É uma excelente ferramenta para minimizar os riscos, já que não há como eliminá-los completamente. Para compreender melhor, Fortuna (2002) explica os conceitos de risco sistemático e não sistemático:

> O risco sistemático (mercado, conjuntural ou não diversificável) é imposto ao ativo pelos sistemas político, econômico e social por fatos decorridos de recessões, crises políticas, greves etc., que atingirão todos os ativos de sua carteira de aplicações indistintamente, ainda que cada ativo responda de maneira diferente a mudanças na conjuntura.

> O risco não sistemático (próprio, específico, diversificável) é nominativo ao ativo, seus fatores atingem diretamente um determinado ativo e não os demais da carteira de aplicação.

Fique atento! O risco sistemático não é diversificável, uma vez que decorre de fatores que atingem a todos os ativos. Já o risco não sistemático, por sua vez, é diversificável, podendo ser total ou parcialmente diluído pela diversificação da carteira.

Para facilitar a compreensão desse tema, imagine a seguinte situação:

> Sabendo que você dispõe de R$ 100,00 na sua carteira, um amigo propõe um jogo de "par ou ímpar". Se você ganhar, recebe mais R$ 100,00. Se perder, fica sem os R$ 100,00. Aceitando, você teria 50% de chance de perder tudo e 50% de chance de dobrar seu dinheiro. Para reduzir seus riscos de perda, você poderia contrapropor apostar 100 vezes R$ 1,00 no "par ou ímpar". A estatística diz que você ganharia em 50% das vezes, logo, você praticamente eliminaria seu risco de perda.

Esse caso serve para mostrar que, aumentando o número de "jogadas", você minimiza seu risco. Em uma carteira de investimento, você obtém o mesmo efeito aumentando o número de títulos que compõem a carteira.

No entanto, diversificar não é apenas aumentar o número de títulos com características diferentes na carteira. Uma boa diversificação exige uma análise cuidadosa. Analise a seguinte situação:

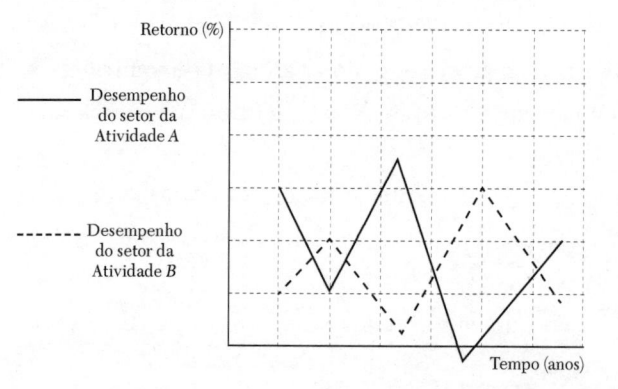

Gráfico 6.2 – Relação entre retorno versus tempo

Fonte: Elaborado com base em Cavalcante Filho; Misumi, 2001.

Note que, quando o resultado do setor A está mais elevado, o retorno do setor B está reduzido. Assim, ao combinarmos o desempenho dos dois setores, poderia existir certa estabilidade nos retornos. Pode-se dizer que ações de companhias dos setores A e B poderiam compor uma carteira de ações diversificada. É importante lembrar que o risco sistemático das ações continua presente nessa carteira.

6.5 Acordo de Basileia

Na estrutura do Sistema Financeiro Nacional (SFN), que estudamos no Capítulo 2, você pôde compreender o importante papel que os bancos exercem como intermediários financeiros ao pegarem recursos de agentes ofertadores e repassarem aos agentes tomadores. Pelo fato de lidar com um recurso que não pertence a ele, o banco corre um risco muito grande ao realizar o fluxo de forma desorganizada, podendo chegar à falência. Assim, o que pode ser feito para gerir e minimizar esse risco? Segundo a Febraban (2013), a resposta está em um acordo criado, em sua primeira versão, em 1988, na cidade da Basileia (Suíça), com o objetivo de estabelecer exigências mínimas de capital que os bancos devem respeitar 4,5% do capital mínimo de qualidade (como ações ordinárias e lucros retidos), a fim de se precaver e evitar a exposição máxima ao risco de crédito e de mercado. O Acordo de Basileia se apresenta, atualmente, em três versões, que veremos na sequência (Febraban, 2013).

O primeiro acordo, **Acordo de Basileia I**, tinha como característica o fato de que o capital exigido como proteção para possíveis exposições a riscos de crédito e mercado era fixado em índices máximos de alavancagem, que são as técnicas utilizadas pelos bancos para aumentar sua rentabilidade por meio de carteiras de endividamento.

O índice de Basileia (IB) determina o limite mínimo de Patrimônio Líquido Ajustado (PLA) em relação ao Ativo Ponderado de Risco (APR) e Outras Exigências de Capital (OEC) por conta do risco de mercado.

O **Acordo de Basileia II** foi criado em 2004 com o propósito de substituir o primeiro acordo. Ele promoveu adaptações importantes para melhor gerenciar e proteger as instituições financeiras. A nova característica do acordo foi que o Bank for International Settlements (BIS), conhecido como o "banco central dos bancos centrais", passou a acompanhar os bancos do mundo todo mediante três parâmetros:

1. Capital: guardar.
2. Supervisão: fiscalizar.
3. Transparência e disciplina de mercado: divulgar dados.

Em 2010, o **Acordo de Basileia III** foi criado por meio de iniciativas promovidas pelo Fórum de Estabilidade Financeira (FEF) e pelo G20, que é o grupo formado pelas autoridades financeiras das maiores economias do mundo. O objetivo do terceiro acordo é reforçar o sistema financeiro após a crise desencadeada em 2008 pelas quebras de instituições de crédito dos Estados Unidos.

Esse acordo, que já foi aprovado e começará a ser implantado entre os bancos a partir de 2013 com previsão de conclusão para 2015, deve forçar os bancos a aumentarem suas reservas de capital para se protegerem de crises. Segundo a Anbima (2013), o capital mínimo de alta qualidade (ações ordinárias e lucros retidos), aumentará de 2% para 4,5% os ativos ponderados pelo risco. O chamado *Capital Tier I* (que, além das ações ordinárias e dos lucros retidos, inclui as ações preferenciais, os instrumentos híbridos de capital e a dívida sem vencimento) passará dos atuais 4% para 6% até 2015.

Além disso, os bancos terão de constituir aos poucos, entre 2016 e 2019, dois "colchões de capital" para serem usados em momentos de crise. O **colchão de conservação de capital** será equivalente a 2,5% dos ativos ponderados pelo risco e o **colchão contracíclico de capital de alta qualidade** ficará entre 0% e 2,5% e poderá ser exigido segundo as necessidades de cada país signatário do acordo. Esse segundo colchão dependerá do nível de capitalização do mercado e será destinado a proteger o sistema bancário em períodos de expansão de crédito – quando os bancos terão que guardar uma parte de capital para formar seus colchões. Ainda de acordo com a Anbima (2013), a implementação das novas regras de capital se dará de 2013 até janeiro de 2019.

A gestão de proteção apresentada pelas três versões do Acordo de Basileia como proposta está voltada à precaução de exposição do capital dos bancos aos riscos de crédito e mercado que podem ocasionar uma crise financeira e levar os sistemas à falência.

Síntese

Neste capítulo, conhecemos os riscos aos quais estamos expostos como investidores do mercado de capitais e como podemos gerenciá-los para reduzi-los, já que não conseguimos eliminá-los.

Os principais tipos de riscos são:

> **Risco do negócio**: relacionado às mudanças comportamentais no nicho ao qual o negócio está inserido, que podem gerar efeitos colaterais aos investidores.

> **Risco de mercado**: relacionado às flutuações de preços e taxas.

> **Risco de crédito**: relacionado a possíveis perdas quando as contrapartes não desejam ou não são capazes de cumprir suas obrigações contratuais.

O **risco país**, também denominado *Emerging Markets Bond Index Plus* (EMBI+), mede o grau de "perigo" que um país representa para o investidor estrangeiro.

O **rating** é um sistema de classificação de risco no mercado, ou seja, é um indicador de risco (de crédito, mercado ou investimento), podendo classificar um determinado país, uma empresa ou pessoa.

O **risco de liquidez** está associado à negociabilidade de um título no mercado. Dizemos que um ativo apresenta risco de liquidez quando não pode ser realizado ou negociado pelos preços prevalecentes no mercado devido à insuficiência de atividades neste.

O **risco de investimentos em ações** acontece quando um investidor compra uma ação de determinada empresa e, em caso de a empresa apresentar problemas financeiros ou administrativos, o investidor também será responsabilizado por isso e poderá perder capital com a desvalorização do papel. Somado ao risco de empresa, as ações também apresentam risco de mercado e de liquidez.

Exercício resolvido

1. **Um investidor aplicou seu dinheiro em um lote de ações da empresa XT S.A., em 20 de janeiro de determinado ano e foi orientado, pela corretora que o auxiliou na transação, a não vender o lote antes do dia 1 de outubro do mesmo ano. O que acontecerá com o investidor caso venda as ações antes da data orientada?**

   Ele poderá ter problemas com a liquidez do papel, ou seja, risco de liquidez, quando há dificuldade de transformar o ativo em dinheiro, o mais próximo possível de um preço justo.

Questões para revisão

1. Um investidor que comprou uma ação em 1 de janeiro e a vendeu em 20 de dezembro do mesmo ano pode estar exposto aos riscos de:

    a) crédito, mercado e liquidez.

    b) empresa, mercado e liquidez.

    c) empresa, crédito e mercado.

    d) crédito, liquidez e empresa.

2. Mede o grau de "perigo" que um país representa para o investidor estrangeiro. O risco descrito é o:

    a) arbitragem.

    b) de mercado.

    c) país.

    d) de liquidez.

3. É a classificação de risco conhecida no mercado como uma forma de medição de risco (de crédito, mercado ou investimento), podendo classificar desde um determinado país até uma empresa ou pessoa física. Estamos falando da(o):

   a) risco sistêmico.

   b) risco não sistêmico.

   c) risco de crédito.

   d) *rating*.

4. No mercado de derivativos, podemos encontrar o fator de risco de crédito em *commodities* – que seria a perda financeira em função de oscilações imprevistas nos preços dos ativos indexados a produtos agrícolas, de pecuária ou de extração mineral. Diante desse contexto, como podemos definir a relação risco *versus* retorno?

5. Com base no conteúdo sobre a gestão de riscos abordado neste capítulo, elabore um texto dissertativo explicando a diferença existente entre o risco sistemático e o risco não sistemático.

7

análise de
investimentos em ações

conteúdos do capítulo

> Análise de investimentos.
> Preço justo.
> Ganho de capital.
> Geração de resultados e taxa de crescimento.
> Modelos de geração de valor.
> Análise de investimentos e a política de dividendos.

após o estudo deste capítulo, você será capaz de:

1. entender a metodologia de análise de investimentos em ações;
2. diferenciar o sistema de análise de investimentos em ações da escola fundamentalista para a escola técnica.

7.1 Análise de investimentos

O objetivo da análise de investimentos é encontrar parâmetros que serão pontos de partidas para tomar a decisão na hora de comprar e vender ações. O sucesso do investimento em ações depende fundamentalmente da capacidade de análise do investidor. À medida que o mercado de capitais se desenvolve, diminuem as chances do incauto que fundamenta suas decisões em "boatos ou dicas".

7.1.1 Análise de investimentos pela escola fundamentalista

É uma metodologia de análise para determinar o preço justo de uma ação, que deve se fundamentar na expectativa de resultados futuros. O objetivo dessa análise é avaliar o comportamento da empresa, visando determinar seu valor. A análise parte do princípio de que as ações têm um valor intrínseco que está vinculado à *performance* da empresa emissora e à situação geral da economia.

Para entender melhor, veja o exemplo:

Investidor A	Acha que seu terreno vale R$ 1.000,00.	
Investidor B	Avalia o terreno de A em R$ 800,00.	Não se interessa pelo terreno.
Investidor C	Avalia o terreno de A em R$ 1.200,00.	Interessa-se pelo terreno.

7.2 Preço justo

O mesmo raciocínio demonstrado no exemplo da Seção 7.1.1 pode ser aplicado ao funcionamento das ações; por isso, concluímos que o preço da ação na bolsa não é o preço justo, uma vez que **o preço justo é uma avaliação individual e a cotação de bolsa é um dado de mercado.**

Para Pinheiro (1998), os principais fatores que determinam o preço justo de uma ação são:
- custo de oportunidade da renda fixa;
- prêmio de risco inerente ao investimento na empresa;
- liquidez da ação no mercado secundário;
- geração de resultados e taxa de crescimento.

7.2.1 Renda variável *versus* renda fixa

A aplicação em ações coloca o investidor como consumidor de risco, já que investe em renda variável, pois, no momento da aplicação, o investidor não sabe quanto resgatará. Já com os títulos de renda fixa, o valor de resgate é preestabelecido no momento da aplicação.

Retorno do investimento em ações (RIA) = Ganho de capital (GC) + Dividendos

Gráfico 7.1 – Ações: análise do comportamento do preço

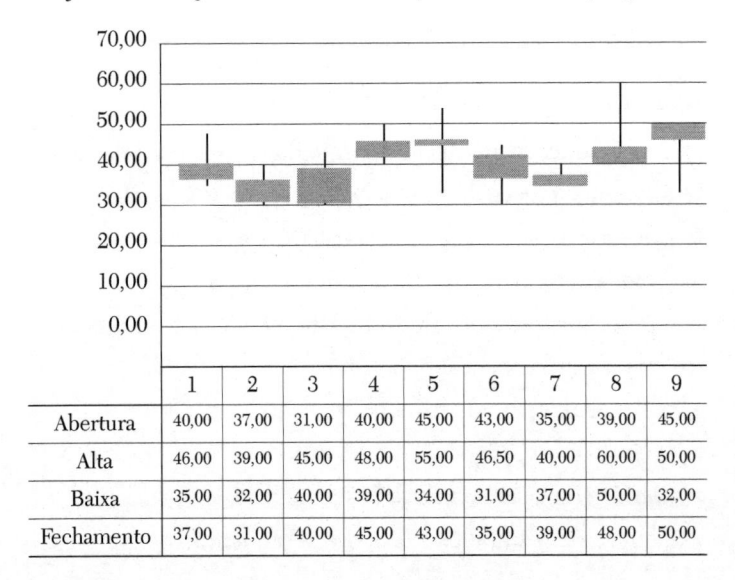

	1	2	3	4	5	6	7	8	9
Abertura	40,00	37,00	31,00	40,00	45,00	43,00	35,00	39,00	45,00
Alta	46,00	39,00	45,00	48,00	55,00	46,50	40,00	60,00	50,00
Baixa	35,00	32,00	40,00	39,00	34,00	31,00	37,00	50,00	32,00
Fechamento	37,00	31,00	40,00	45,00	43,00	35,00	39,00	48,00	50,00

Fonte: Elaborado com base em InfoMoney, 2013.

7.3 Ganho de capital

O ganho de capital é a diferença entre o preço de venda e o preço de compra da ação. O preço justo depende da estimativa dos lucros que a empresa gerará no futuro (o que é incerto, por definição). O mesmo pode se dizer dos dividendos, que são as parcelas do lucro gerado distribuídas para os acionistas.

Retorno exigido para o investimento em ações = Rendimento da renda fixa + Prêmio pelo risco

Portanto, para um investidor, compra ações é necessário analisar que:

> Se o custo de oportunidade da renda fixa aumenta, o preço justo das ações diminui.
> Se o custo de oportunidade da renda fixa diminui, o preço justo das ações aumenta.

7.3.1 Prêmio pelo risco

Para Fortuna (2002), o prêmio pelo risco é determinado pela avaliação conjunta e ponderada de fatores como:

> **Risco do negócio**: envolve variáveis ligadas ao processo e que podem comprometer o negócio, oscilando em maior volume seu risco.

> **Política de governança corporativa**: se as práticas forem boas, o prêmio pelo risco é baixo e vice-versa.

> **Política de dividendos**: dividendos elevados justificam prêmios reduzidos.

> **Liquidez da ação em bolsa**: quando a liquidez é alta, o prêmio pelo risco é baixo e o oposto é verdadeiro.

7.3.2 Liquidez em bolsa

Para Fernandes (1999), o grau de liquidez de uma ação em bolsa é dado pela possibilidade de comprá-la ou vendê-la. Uma ação de alta liquidez pode ser comprada ou vendida, na quantidade desejada, de imediato, próximo ao último preço de mercado.

Ainda segundo Fernandes (1999), o critério utilizado para aferir o grau de liquidez das ações é dada por três indicadores: índice de negociabilidade (N), índice de negócios (G) e índice de presença (P).

$$P \times \sqrt{N} \times G$$

7.4 Geração de resultados e taxa de crescimento

Outro fator que determina o preço justo das ações é a capacidade de a empresa emissora gerar lucros, bem como sua taxa de crescimento. Para explicar isso, Fortuna (2002) descreve o método múltipos de avaliação de investimentos, no qual o raciocínio básico é: primeiro, calcula-se o múltplo de várias empresas (preço da ação na bolsa de valores dividido por um parâmetro de avaliação); em seguida, analisa-se se as ações que demonstram os menores múltiplos estão subavaliadas em relação às de maiores múltiplos, por apresentarem retorno em menor tempo; assim, considera-se que as ações com maiores múltiplos estão superavaliadas e, portanto, são opções de venda.

Fortuna (2002) destaca que preço/lucro (P/L) é um dos principais tipos de múltiplos, sendo:

Índice preço/lucro (P/L)

P: o preço cotação das ações em bolsa de valores;
L: o lucro por ação estimado para os próximos anos, em regime de perpetuidade.

Vejamos um exemplo:

Em uma empresa qualquer
Cotação em 31 de janeiro de determinado ano: R$ 100,00.

Lucro projetado para o mesmo ano: R$ 250.000,00
Quantidade de ações da empresa: 10.000

Lucro por ação estimado: $\dfrac{R\$\ 250.000,00}{10.000}$ = R$ 25,00 no ano

P/L: $\dfrac{R\$\ 100,00}{R\$\ 25,00}$ = 4 anos

O cálculo utilizado na fórmula é para demonstrar quanto tempo o acionista precisa esperar para alcançar retorno com a ação que ele comprou, mediante ao lucro atingido pela empresa ao longo de cada ano de exercício, ou seja, o resultado de 4 anos é o período que o acionista precisará esperar para obter retorno do investimento feito nessa operação.

7.5 Modelos de geração de valor

De acordo com Sousa Neto e Martins (2010), há dois modelos criados para gerir empresas agregando valor a sua gestão que são capazes de identificar, por meio dos indicadores de mensuração, se os negócios da empresa vão dar retorno financeiro aos acionistas e se possuem potencial de crescimento. Esses dois indicadores visam informar ao acionista de uma companhia se ela está criando riqueza para ele ou se está destruindo seu capital. Se o indicador avaliar os resultados que a empresa gera em curto prazo, chamamos de *Economic Value Added* (EVA); se avaliar os resultados a longo prazo, tem a denominação *Market Value Added* (MVA).

7.5.1 *Economic Value Added* (EVA)

O EVA um indicador que utiliza a diferença entre o retorno do capital empregado na companhia, *Return on Capital Employed* (ROCE), e o custo médio ponderado do capital, *Weighted Average Cost Of Capital* (WACC), que nada mais é que o *spread* (a diferença entre a taxa de venda menos a taxa de compra) sobre o capital empregado ou ativo econômico. Em caso de *spread* positivo, a empresa agrega valor; caso contrário, destrói o valor do negócio e, consequentemente, o valor monetário das ações em poder dos acionistas, uma vez que a remuneração do capital empregada pelos sócios (acionistas) constitui a geração do valor.

O ativo econômico será responsável pela medição dos recursos financeiros aportados pelos investidores e os recursos de capital de terceiros.

Ativo Econômico

(+) Necessidade de Capital de Giro (NCG)

(+) Ativo Cíclico
(–) Passivo Cíclico

(+) Ativo Permanente Líquido (APL)

(+) Realizável a Longo Prazo (RLP)
(+) Imobilizado bruto
(–) Depreciação acumulada
(+) Diferido

Segundo Sousa Neto e Martins (2010), o cálculo do EVA pode ser apresentado de duas maneiras. Veja a seguir:

Primeira forma:

EVA = NOPLAST − Custo de Capital

Sendo:

Custo de capital: AE × WACC

EVA = NOPLAST − AE × WACC

Segunda forma:

EVA = (ROCE − WACC) × AE

Sendo:

$$ROCE = \frac{LOP(1-t)}{AE}$$

Em que:

LOP (1 − t) = Lucro Operacional antes IR e CSLL;

$$WAAC = Ke \times E + \frac{Kd}{D+E} \times \frac{D}{D+E}$$

Ke: Custo do capital próprio
E: Valor de mercado
D: Valor de mercado das dívidas
Kd: Custo da dívida (1-t)

7.5.2 *Market Value Added* (MVA)

De acordo com Sousa Neto e Martins (2010), o indicador MVA de uma empresa pode ser definido como o **valor agregado sobre** o capital utilizado, isto é, o valor de mercado menos o capital utilizado. Logo, temos:

$$MVA = VM - C$$

Sousa Neto e Martins (2010) explicam que o MVA é a melhor medida para definir o desempenho da companhia, uma vez que considera a riqueza em termos monetários, e não em termos de taxa de retorno. Assim, considera todos os investimentos que agregam valor até mesmo aqueles que diminuem a taxa de criação de valor.

Para uma empresa de capital aberto, o valor de mercado é calculado por meio da soma do valor de mercado do capital próprio (número de ações emitidas multiplicado pelo preço de cada ação) e do valor contabilístico da dívida com bancos.

7.6 Análise de investimentos e a política de dividendos

Para Fortuna (2002), a teoria financeira demonstra as alternativas racionais de distribuição de dividendos como:

> **Distribuir o mínimo e reaplicar o máximo**: quando a empresa tem projetos de investimento que oferecem taxa de retorno maior que o custo de capital.

> **Distribuir o máximo e reaplicar o mínimo**: quando os projetos da empresa não têm retorno desejado.

7.6.1 Principais escolas

A informação, como instrumento para análise de investimento em ações, serve para medir o desempenho das aplicações financeiras e formar expectativas de preços futuros.

Segundo Cavalcante Filho e Misumi (2001), a diferença entre as principais escolas de estudo de investimentos em ações são:

> A escola de análise fundamentalista usa dados para "prever" o futuro e mostra por que os valores se comportam de determinada forma.
> A escola técnica mostra como os preços se comportam e afirma que não existem estatísticas para esperanças, humor, medo, ganância, "atos de Deus", atos do governo, estimativas, necessidades e informações secretas.

7.6.1.1 Principais objetivos da escola técnica

Para Fortuna (2002), os objetivos principais da escola técnica estão voltados à análise do comportamento da evolução e oscilação do preço das ações, levando em consideração o comportamento do mercado no que se refere a:
> conhecer e mensurar a lei de oferta e procura;
> identificar oportunidades de operações atraentes;
> otimizar ingressos e saídas do mercado;
> determinar limites de oscilação nos preços;
> estabelecer estratégias de risco.

Para ter uma visão mais clara sobre o conteúdo abordado anteriormente, veja no Quadro 7.1 uma comparação entre as análises fundamentalista e técnica.

Quadro 7.1 – Comparativo entre as análises fundamentalista e técnica

Método	Principal vantagem	Principal desvantagem
Análise fundamentalista	Eficácia no longo prazo	Demanda de tempo de análise que o investidor tem que dedicar ao estudo e compreensão dos dados da empresa
Análise técnica	Resposta rápida, em tempo de aprendizado relativamente curto	Não garante boas recomendações para investimentos mais duradouros

Fonte: Elaborado com base em Cavalcante Filho; Misumi, 2001.

Síntese

A **análise de investimento**s realizada pela escola fundamentalista é uma metodologia de análise que tem como finalidade determinar o preço justo de uma ação.

O preço justo de uma ação é fundamentado na expectativa de obter resultados futuros. Os principais fatores que determinam o **preço justo** de uma ação são:
> custo de oportunidade da renda fixa;
> prêmio de risco inerente ao investimento na empresa;
> liquidez da ação no mercado secundário;
> geração de resultados e taxa de crescimento.

$$\text{Retorno do investimento em ações} = \text{Ganho de capital} + \text{Dividendos}$$

$$\text{Retorno exigido para o investimento em ações} = \text{Rendimento da renda fixa} + \text{Prêmio pelo risco}$$

Na avaliação de investimentos realizada pela escola técnica, a informação é um instrumental primordial, pois serve para medir o desempenho das aplicações financeiras e formar expectativas de preços futuros. Os principais objetivos da **escola técnica** são:

> conhecer e mensurar a lei de oferta e procura;
> identificar oportunidades de operações atraentes;
> otimizar ingressos e saídas do mercado;
> determinar limites de oscilação nos preços;
> estabelecer estratégias de risco.

Exercício resolvido

1. Um investidor está entrando no mercado de ações e sabe dos riscos aos quais está exposto. Logo, qual escola de análise de investimentos é mais interessante a ele?

Ele poderá utilizar ambas as escolas, uma vez que cada uma delas apresenta sistemática de análise diferentes. A escola fundamentalista busca o preço justo e a escola técnica objetiva determinar limites de oscilações nos preços com base na formalização de expectativas futuras.

Questões para revisão

1. A liquidez da ação no mercado secundário é um fator fundamental para definir seu _____ no mercado de ações.

    a) ajuste líquido.

    b) preço ajustado.

    c) preço justo.

    d) ajuste de preço.

2. Determinar limites de oscilação nos preços é um dos objetivos de qual desses sistemas de análise de investimentos?

    a) Sistema Martingale.

    b) Escola fundamentalista.

    c) Escola técnica.

    d) Sistema de proteção do preço justo.

3. É uma metodologia de análise para determinar o preço justo de uma ação. Estamos falando da:

    a) escola técnica.

    b) escola fundamentalista.

    c) escola de Sagres.

    d) negociabilidade.

4. Dentro da análise de investimentos na política de distribuição de dividendos, temos a teoria financeira que mostra alternativas racionais de distribuição de dividendos, tais como distribuir o mínimo e reaplicar o máximo e distribuir o

máximo e reaplicar o mínimo. Qual seria a melhor alternativa, em longo prazo, para um investidor de ações?

5. Com base no conteúdo sobre a análise de investimentos em ações, abordado neste capítulo, explique como é definido o retorno exigido para investir nessa modalidade.

estudo de caso

A empresa Saltus S.A. sempre zelou por uma imagem que transmitisse força e transparência no mercado. Para isso, prioriza sua gestão em resultados de qualidade, aproveitando ao máximo sua estrutura produtiva e a valorização de suas ações no mercado.

Nos últimos quatro anos, a empresa distribuiu 30% de seu resultado ao ano para os acionistas por meio de dividendos e bonificações. Suas ações ordinárias acumulam um percentual de crescimento de 18% no último ano.

A busca pela qualidade na gestão tem um motivo principal: a Saltus S.A. atua em um dos mercados acionários mais competitivos e voláteis do país e do mundo, o mercado de telefonia móvel.

A empresa possui atualmente uma estrutura formada por um conselho de administração com 15 membros e um corpo de executivos com 35 participantes. Seu quadro funcional atual é de 38 mil colaboradores no mundo.

Pela atratividade dos últimos anos, sua ação passou a fazer parte da carteira teórica que é utilizada para mensurar o Ibovespa.

Neste ano, aderiu às práticas de governança corporativa e foi classificada pela [B][3] como sendo praticante das regras do Novo Mercado, o que consequentemente proporcionou à empresa uma transparência maior com a cadeia de interessados em seu negócio e principalmente com os acionistas e futuros investidores.

Com base na história conquistada pela companhia Saltus S.A., pergunta-se:

1. Como a divulgação pública dos números contábeis pode contribuir para o crescimento da empresa no mercado em que atua e no valor de suas ações?

2. Qual o papel da governança corporativa na gestão da Saltus S.A.?

3. Dentro do texto de apresentação da empresa Saltus S.A., quais parâmetros ajudam o investidor a decidir sobre a aquisição do papel da companhia?

para concluir...

O mercado de capitais realmente necessita que seus participantes (investidores) estejam sempre em busca de informações, uma vez que apresenta um portfólio de produtos que atende a todos os perfis de demandas dos aplicadores existentes no mercado de investimentos.

Saber as regras dos produtos é fator fundamental para ingressar nesse mercado e desenvolver estratégias de investimentos e ganhos sempre pautadas na diversificação dos investimentos para evitar a exposição concentrada de riscos. Por mais volátil que sejam os negócios propostos pelo mercado de capitais com o seu principal papel (as ações), ele ainda é uma opção de investimento muito atrativa e com ótimas oportunidades de ganhos. Então, não tenha medo de aplicar nos produtos desse mercado.

O objetivo principal deste livro foi proporcionar um estudo com base em conhecimentos teóricos e práticos, a fim de despertar seu interesse em ingressar de vez no mercado de capitais, com segurança e munido das informações necessárias. Portanto, siga em frente e aproveite as chances de ganho.

referências

ANBIMA – Associação Brasileira das Entidades dos Mercados Financeiro e de capitais. Disponível em: <http://portal.anbima.com.br/Pages/home.aspx>. Acesso em: 1º mar. 2013.

ANDRADE, A.; ROSSETTI, J. P. **Governança corporativa**: fundamentos, desenvolvimento e tendências. São Paulo: Atlas, 2004.

ASSAF NETO, A. **Estrutura e análise de balanço**: um enfoque econômico-financeiro. 3. ed. São Paulo: Atlas, 1999.

ASSAF NETO, A. **Mercado financeiro**. 4. ed. São Paulo: Atlas, 2001.

BACEN – Banco Central do Brasil. **Aspectos Legais**. Disponível em: <http://www.bcb.gov.br/?SPBLEG>. Acesso em: 2 maio 2013a.

BACEN – Banco Central do Brasil. **[B]³**: câmara de ações – (antiga CBLC). Disponível em: <http://www.bcb.gov.br/?SPBCBLC>. Acesso em: 2 maio 2013b.

BACEN – Banco Central do Brasil. **Novo SPB** – Sistema de Pagamentos Brasileiro. 2002. Disponível em: <http://www.bcb.gov.br/htms/spb/ospbevoce/EntendaoSPB/O_Novo_SPB.pdf>. Acesso em: 8 maio 2013.

BACEN – Banco Central do Brasil. **Sistema de Pagamentos Brasileiro**: reestruturação do sistema de pagamentos brasileiro. Disponível em: <http://www.bcb.gov.br/?SPBENTEND>. Acesso em: 14 maio 2013c.

BACEN – Banco Central do Brasil. Comissão de Valores Mobiliários. Resolução n. 3.081, de 29 de maio de 2003. **Diário Oficial da União**, Brasília, 31 maio 2003. Disponível em: <http://www.bcb.gov.br/pre/normativos/res/2003/pdf/res_3081_v1_O.pdf>. Acesso em: 1º mar. 2013.

BACEN – Banco Central do Brasil. Conselho Monetário Nacional. Resolução n. 1.690, de 18 de março de 1990. **Diário Oficial da União**, Brasília, 19 mar. 1990. Disponível em: <http://www.bcb.gov.br/pre/normativos/busca/normativo.asp?tipo=res&ano=1990&numero=1690>. Acesso em: 2 maio 2013.

BACEN – Banco Central do Brasil. Resolução n. 2.862, de 21 de dezembro de 1999. **Diário Oficial da União**, Brasília, 23 dez. 1999. Disponível em: <http://www.bcb.gov.br/pre/normativos/busca/normativo.asp?tipo=res&ano=1999&numero=2682>. Acesso em: 28 abr. 2013.

BACEN – Banco Central do Brasil. Diretoria de Política Econômica. Departamento de Relacionamento com Investidores e Estudos Especiais. **Risco-País**. 2012. (Série Perguntas Mais Frequentes). Disponível em: <http://www4.bcb.gov.br/pec/gci/port/focus/FAQ%209-Risco%20Pa%C3%ADs.pdf>. Acesso em: 28 abr. 2013.

BACEN – Banco Central do Brasil. Sistema Financeiro Nacional. **Composição e evolução do SFN**: composição. Disponível em: <http://www.bcb.gov.br/?SFNCOMP>. Acesso em: 14 maio 2013d.

BARROS, B. F. de. **Mercado de capitais e ABC de investimentos**: iniciação teórica e prática. 4. ed. São Paulo: Atlas, 1970.

BATALHA, W. de S. C. **Sociedades anônimas e mercado de capitais**. Rio de Janeiro: Forense, 1973.

BIS – Bank for International Settlements. Disponível em: <http://www.bis.org>. Acesso em: 28 fev. 2013.

BLACK, F.; SCHOLES, M. The Pricing of Options and Corporate Liabilities. **The Journal of Political Economy**, v. 81, n. 3, p. 637-654, May/June 1973. Disponível em: <https://www.cs.princeton.edu/courses/archive/fall02/cs323/links/blackscholes.pdf>. Acesso em: 1º mar. 2013.

[B]³. **Como investir no mercado a termo**. Disponível em: <http://www.bmfbovespa.com.br/Pdf/termo.pdf>. Acesso em: 9 maio 2013a.

[B]³. **Custos para o mercado de ações**. Disponível em: <http://www.bmfbovespa.com.br/pt-br/regulacao/custos-e-tributos/custos-operacionais/acoes.aspx?idioma=pt-br>. Acesso em: 2 maio 2013b.

[B]³. **IBrX**. Disponível em: <http://www.bmfbovespa.com.br/Indices/download/IBrX.pdf>. Acesso em: 9 maio 2013c.

[B]³. **Índice Bovespa**: definição e metodologia. Disponível em: <http://www.bmfbovespa.com.br/Pdf/Indices/IBovespa.pdf>. Acesso em: 9 maio 2013d.

[B]³. **Índice Bovespa-Ibovespa**. Disponível em: <http://www.bmfbovespa.com.br/indices/ResumoIndice.aspx?Indice=IBOVESPA&Idioma=pt-BR>. Acesso em: 2 maio 2013e.

[B]³. **Índice de ações com governança corporativa diferenciada**. Disponível em: <http://www.bmfbovespa.com.br/indices/ResumoIndice.aspx?Indice=IGC&Idioma=pt-BR>. Acesso em: 14 abr. 2013f.

[B]³. **Mercado a termo**. Disponível em: <http://www.bmfbovespa.com.br/pt-br/mercados/acoes/formas-de-negociacao/mercado-a-termo/mercado-a-termo.aspx?idioma=pt-br>. Acesso em: 2 maio 2013g.

[B]³. **Mercado de capitais**. Disponível em: <http://www.bmfbovespa.com.br/Pdf/merccap.pdf>. Acesso em: 8 maio 2013h.

BM&FBOVESPA. **Novo mercado.** Disponível em: <http://www.bmfbovespa.com.br/empresas/pages/empresas_novo-mercado.asp>. Acesso em: 2 maio 2013i.

BM&FBOVESPA. **Regulamento de listagem do novo mercado.** Disponível em: <http://www.bmfbovespa.com.br/empresas/download/RegulamentoNMercado_09051011.pdf>. Acesso em: 2 maio 2013j.

BM&FBOVESPA. **Regulamento de práticas diferenciadas de governança corporativa nível 1.** Disponível em: <http://www.bmfbovespa.com.br/empresas/download/RegulamentoNivel1_09052011.pdf>. Acesso em: 2 maio 2013k.

BM&FBOVESPA. **Regulamento de práticas diferenciadas de governança corporativa nível 2.** Disponível em: <http://www.bmfbovespa.com.br/empresas/download/RegulamentoNivel2_09052011.pdf>. Acesso em: 2 maio 2013l.

BRASIL. Casa da Moeda do Brasil. Disponível em: <http://www.casadamoeda.gov.br/portalCMB/home>. Acesso em: 1º mar. 2013a.

BRASIL. Comissão de Valores Mobiliários. Instrução n. 387, de 28 de abril de 2003. **Diário Oficial da União**, Brasília, 30 abr. 2003. Disponível em: <http://www.cvm.gov.br/asp/cvmwww/atos/exiato.asp?File=/inst/inst387.htm>. Acesso em: 2 maio 2013.

BRASIL. Lei n. 4.595, de 31 de dezembro de 1964. **Diário Oficial da União**, Poder Legislativo, Brasília, 31 jan. 1965. Disponível em: <http://www.planalto.gov.br/ccivil_03/leis/L4595.htm>. Acesso em: 1º mar. 2013.

BRASIL. Lei n. 6.385, de 7 de dezembro de 1976. **Diário Oficial da União**, Poder Legislativo, Brasília, 9 dez. 1976. Disponível em: <http://www.planalto.gov.br/ccivil_03/leis/L6385.htm>. Acesso em: 1º mar. 2013.

BRASIL. Lei n. 10.214, de 27 de março de 2001. **Diário Oficial da União**, Poder Legislativo, Brasília, 28 mar. 2001. Disponível em:

<http://www.planalto.gov.br/ccivil_03/Leis/LEIS_2001/L10214.htm>. Acesso em: 8 maio 2013.

BRASIL. Ministério da Fazenda. Disponível em: <http://www.fazenda.gov.br>. Acesso em: 1º mar. 2013b.

BRASIL. Ministério da Fazenda. **Conselho Monetário Nacional.** Disponível em: <http://www.fazenda.gov.br/portugues/orgaos/cmn/cmn.asp>. Acesso em: 29 abr. 2013c.

CAMARGO, C. **Análise de investimentos e demonstrativos financeiros.** Curitiba: Ibpex, 2007.

CAMARGO, C.. **Planejamento financeiro.** Curitiba: Ibpex, 2007.

CAPELA, J. J.; HARTMAN, S. W. **Dictionary of International Business Terms.** New York: Barron's Educational Series, 2000.

CATELLI, A. **Controladoria**: uma abordagem da gestão econômica GECOM. São Paulo: Atlas, 2001.

CAVALCANTE FILHO, F. J.; MISUMI, J. Y. **Mercado de capitais.** Rio de Janeiro: Campus, 2001.

CBLC – Companhia Brasileira de Liquidação e Custódia. **Estatuto Social da Companhia Brasileira de Liquidação e Custódia – CLBC.** São Paulo, 2007. Disponível em: <http://www.cblc.com.br/CBLC/Download/ACblc/EstatutoSocial.pdf>. Acesso em: 8 maio 2013.

CETIP – Central de Custódia e de Liquidação Financeira de Títulos. Disponível em: <http://www.cetip.com.br>. Acesso em: 1º mar. 2013.

CHILD, J.; RODRIGUES, S. B. **Corporate Governance and International Joint Ventures**: Insights from Brazil and China. Birmingham Business School, 2000. Working Paper.

CÓRDOBA, M. B. **Análise financeira dos mercados monetários e de valores.** Madri: AC, 1996.

ECONOMATICA. Disponível em: <http://www.economatica.com/PT>. Acesso em: 1º mar. 2013.

FALCINI, P. **Avaliação econômica de empresas**: técnica e prática. São Paulo: Atlas, 1995.

FEBRABAN – Federação Brasileira de Bancos. **Os acordos da Basileia**: um roteiro para implementação nas instituições financeiras. Disponível em: <http://www.febraban.org.br/arquivo/servicos/imprensa/Artigo_Basileia_6.pdf>. Acesso em: 28 abr. 2013.

FERNANDES, A. A. G. **O Brasil e o sistema financeiro nacional**. Rio de Janeiro: Qualitymark, 1999.

FERNANDES, A. A. G. **O sistema financeiro nacional comentado**. São Paulo: Saraiva, 2009.

FORTUNA, E. **Mercado financeiro**: produtos e serviços. Rio de Janeiro: Qualitymark, 2002.

HALFELD, M. **Investimentos**: como administrar melhor o seu dinheiro. São Paulo: Fundamento, 2007.

HULL, J. **Introdução aos mercados futuros e de opções**. São Paulo: BM&F, 1996.

IBGE – Instituto Brasileiro de Geografia e Estatística. **Índice de preços ao consumidor**: IPCA e INPC. Mar. 2013. Disponível em: <http://www.ibge.gov.br/home/estatistica/indicadores/precos/inpc_ipca/ipca-inpc_201303_1.shtm>. Acesso em: 2 maio 2013.

INFOMONEY. **Ações e índices**. Disponível em: <http://www.infomoney.com.br/mercados/acoes-e-indices>. Acesso em: 28 abr. 2013.

ISMAR, B. O que é rating e por que vale a pena entender o conceito? **Renova Invest**. 2021. Disponível em: <https://renovainvest.com.br/blog/o-que-e-rating-e-por-que-vale-a-pena-entender-o-conceito/>. Acesso em: 9 mar. 2023.

MANKIW, N. G. **Introdução à economia**: princípios de micro e macroeconomia. Rio de Janeiro: Campus Elsevier, 2001.

MOURA, E. V. G. **Planejamento financeiro pessoal:** uma visão ampla. 81 f. Monografia (Especialização em Finanças e Gestão Corporativa) – Universidade Candido Mendes, Rio de Janeiro, 2012. Disponível em: <http://www.avm.edu.br/docpdf/monografias_publicadas/K221058.pdf>. Acesso em: 8 maio 2013.

NEVES, A. O que é a Comissão de Valores Mobiliários (CVM)? **EnsinaInvest**, 9 jun. 2010. Disponível em: <http://www.ensinainvest.com.br/blog/2010/06/09/o-que-e-a-comissao-de-valores-mobiliarios-cvm>. Acesso em: 8 maio 2013.

PAULA, Á. N. de. **Crimes contra o sistema financeiro nacional e o mercado de capitais:** comentários à Lei 6.385/76 – e aos artigos incluídos pela Lei 10.303/01 à Lei 6.385/76 – doutrina e jurisprudência. 2.ed. rev. e atual. Curitiba: Juruá, 2007.

PINHEIRO, J. L. **Mercado de capitais:** fundamentos e técnicas. São Paulo: Atlas, 1998.

PINHEIRO, J. L. Mercado de capitais: fundamentos e técnicas. 5. ed. São Paulo: Atlas, 2009.

PORTAL BRASIL. **O que é o risco país?** Disponível em: <http://www.portalbrasil.net/economia_riscopais.htm>. Acesso em: 2 maio 2013.

QUIRINO, R. de S. L. **Mercado de capitais:** a contabilidade como ferramenta de análise para investimentos em bolsa de valores. 56 f. Trabalho de Conclusão de Curso (Graduação em Ciências Contábeis) – Pontifícia Universidade Católica de Minas Gerais, Belo Horizonte, 2012. Disponível em: <http://www.sinescontabil.com.br/monografias/artigos/A-contabilidade-como-ferramenta-de-analise-para-investimentos-em-bolsa-de-valores.pdf>. Acesso em: 9 maio 2013.

REIS, M. A. **O mercado de capitais no Brasil.** Apostila. PUCMinas, 2003.

ROSSETTI, J. P. **Introdução à economia**. São Paulo: Atlas, 1997.

SANTOS, T. R. **Mercado de capitais**. 2012. Disponível em: <http://professort6.dominiotemporario.com/doc/Mercado_Capitais__-_Corrigido.pdf>. Acesso em: 8 maio 2013.

SANVICENTE, A. Z.; MELLAGI FILHO, A. **Mercado de capitais e estratégias de investimentos**. São Paulo: Atlas, 1988.

SELEME, R. B. **Diretrizes e práticas da gestão financeira e orientações tributárias**. Curitiba: Ibpex, 2012. (Série Gestão Financeira).

SILVA, O. M. da. As commodities e a crise financeira. **Espaço do Produtor**, 11 jul. 2008. Disponível em: <https://www2.cead.ufv.br/espacoProdutor/scripts/verArtigo.php?codigo=2&acao=exibir>. Acesso em: 1º mar. 2013.

SISTEMA FINANCEIRO NACIONAL. **História**. Disponível em: <http://sistema-financeiro-nacional.info/mos/view/Sistema_Financeiro_Nacional-Hist%C3%B3ria/index.html>. Acesso em: 27 abr. 2013.

SOROS, G. **A crise do capitalismo global**. Rio de Janeiro: Campos, 2001.

SOUSA, M. B. de. **Relação capital/trabalho no assalariamento rural**. Disponível em: <http://www.fetraece.org.br/images/Site_6/capital.pdf>. Acesso em: 8 maio 2013.

SOUSA NETO, J. A. de; MARTINS, H. C. **Finanças corporativas na prática**: ferramentas gerenciais. Rio de Janeiro: Campus, 2010.

SOUZA, A.; CLEMENTE, A. **Decisões financeiras e análise de investimentos**: fundamentos, técnicas e aplicação. 3. ed. São Paulo: Atlas, 1999.

TEBCHIRANI, F. R. **Princípios de economia micro e macro**. Curitiba: Ibpex, 2008.

WESTON, J. F.; BRIGHAM, E. F. **Fundamentos da administração financeira**. 10. ed. São Paulo: Makron Books, 2004.

respostas

capítulo 1

1. c

2. a

3. Resposta fundamentada na análise do cenário atual da economia, ou seja, pode mudar de período em período; portanto, o leitor deve responder de acordo com o momento da leitura do livro.

4. Com taxas de juros menores, as aplicações de renda fixa tendem a apresentar uma remuneração menor para os investidores, chegando a índices próximos da poupança, aumentando, assim, a busca por alternativas de investimentos no mercado de capitais, que é um subsegmento do mercado financeiro, tais como ações, debêntures entre outros que tendem a melhorar a remuneração do capital destes investidores.

5. O mercado de câmbio é responsável por organizar e gerenciar as políticas de relação da moeda local em relação às

moedas de países estrangeiros com os quais são fechados negócios diariamente. Os regimes cambiais possuem papéis fundamentais dentro do mercado cambial, uma vez que representam o quanto a taxa de câmbio fica exposta a critérios de oscilação conforme a política cambial vigente na economia.

capítulo 2

1. d

2. c

3. c

4. a) A principal função da Companhia Brasileira de Liquidação e Custódia (CBLC) é zelar pela guarda e liquidação do papel ação no Sistema Financeiro Nacional (SFN).

b) A principal função da Câmara de Liquidação Selic (Serviço Especial de Liquidação e Custódia) é zelar pela guarda e liquidação dos títulos públicos federais, como Letra Financeira do Tesouro (LFT) e a Letra Tesouro Nacional (LTN), no Sistema Financeiro Nacional (SFN).

5. Sabendo que a política monetária é responsável pela gestão e pelo controle da oferta e demanda da moeda no país, tanto o SFN quanto o SFI devem apresentar diretrizes que sejam equitativas no que tange ao desenvolvimento estável e sustentável da moeda para gerar uma economia de crescimento sólida. Uma economia crescente proporciona ao país um desenvolvimento da população local assim como da mundial. Como exemplo, podemos citar a crise nos EUA, em 2008, e em alguns países da Europa, em 2011, em que

o SFI possui papel fundamental na gerência de recursos que são repassados de um país para o outro por meio de sistemas financeiros, buscando a estabilização da crise para não comprometer a economia mundial e repercutir em todos os Sistemas Financeiros Nacionais.

capítulo 3

1. d

2. a

3. b

4. d

5. A principal diferença entre o mercado a termo e o mercado futuro é que, no mercado a termo, a liquidação dos compromissos acontece somente na data de vencimento; no mercado futuro, por sua vez, os compromissos são ajustados diariamente às expectativas do mercado referentes ao preço futuro daquele bem, por meio do ajuste diário.

6. O Sr. Astolfo será creditado em R$ 500,00, pois ganhou R$ 0,05 no preço de compra das ações em relação ao preço de ajuste do dia.

capítulo 4

1. b

2. d

3. a

4. Preço da compra: R$ 45,00

   Preço de ajuste do dia: R$ 44,82

   Ajuste (preço de ajuste do dia – preço do negócio) × quantidade de de ações = R$ 180,00

   a. O comprador, em D+1, receberá débito por ter comprado o ativo por um preço superior ao preço de referencia do dia; já o vendedor receberá um crédito correspondente ao ganho auferido.

   b. O comprador será debitado em R$ 180,00.

   c. O vendedor será creditado em R$ 180,00.

5. O preço futuro é formado pelas expectativas com relação ao preço que está sendo negociado no mercado à vista, em uma determinada data futura. Como exemplo, você pode analisar a formação de preços das *commodities* agrícolas, que é a diferença entre o preço futuro de uma mercadoria para um determinado vencimento e o preço a prazo dessa mercadoria.

capítulo 5

1. c

2. a

3. d

4. O perfil arrojado estará exposto a riscos previamente calculados, mas deve tomar cuidados na estratégia de investimentos por ser especulador, uma vez que possui visão de ganhos financeiros em curto prazo. Esses cuidados são: verificar a

liquidez da ação e da empresa escolhida para investir; cuidar para não concentrar aplicações em um mesmo papel de uma única empresa, ou seja, tentar diversificar, mesmo em curto prazo; acompanhar diariamente o pregão do mercado acionário para tomar atitudes imediatas caso necessário; solicitar apoio de uma corretora para auxiliar na gestão do ativo.

5. a) Valor de mercado: é o valor pelo qual os investidores estão dispostos a comprar ou vender aquela ação naquele determinado momento.

b) Valor patrimonial ou contábil: é determinado pelo valor do patrimônio líquido da empresa (soma dos ativos da empresa menos os seus passivos) dividido pelo número de ações, ou seja, VPC = VPL /N° ações.

c) Valor nominal: é o resultado da divisão do capital social pela quantidade de ações emitidas. O valor de resultado deve estar previsto e registrado no estatuto da companhia.

capítulo 6

1. b

2. b

3. d

4. Como as *commodities*, apresenta oscilações constantes em seus preços. Trata-se de um ativo com o objetivo de ganhos em longo prazo por meio de contratos negociados em mercados futuros. Logo, concluímos que, na relação risco *versus*

retorno, quanto maior for a exposição das *commodities* a riscos, maior será a possibilidade de retorno.

5. **Risco sistemático ou conjuntural** é imposto ao ativo pelos sistemas político, econômico e social – por fatos decorridos de recessões, crises políticas, greves entre outros, que atingirão todos os ativos de sua carteira de aplicações indistintamente, ainda que cada ativo responda de maneira diferente a mudanças na conjuntura.

Risco não sistemático ou específico é nominativo ao ativo, seus fatores atingem diretamente um determinado ativo específico e não os demais da carteira de aplicação.

capítulo 7

1. c

2. c

3. b

4. Para os investidores, o mais atrativo é distribuir o máximo de dividendos e reaplicar o mínimo na empresa em projetos, uma vez que não estão apresentando o retorno desejado. Logo, um investidor de longo prazo compra ações pensando no ganho do capital e, principalmente, em obter boas distribuições de dividendos ao longo dos anos.

5. É definido com base na seguinte expressão algébrica: *Retorno exigido para o investimento em ações = Rendimento da renda fixa + Prêmio pelo risco*, que demonstra ao investidor que o

rendimento pode aumentar quando se está exposto a riscos maiores.

Estudo de caso

1. Os números contábeis podem contribuir na divulgação pública, desde que sejam satisfatórios para os acionistas e investidores interessados na compra do papel. A contribuição vem da valorização da bandeira da empresa e da garantia de distribuição de dividendos, uma vez que os dividendos somente são distribuídos com o resultado operacional anual se a empresa apresentar lucro. Com isso, a procura pelo papel tende a aumentar, gerando valorização do papel.

2. O papel da Governança Corporativa é fortalecer a credibilidade da marca empresarial por meio de uma gestão pautada por práticas de comando que buscam a transparência na forma de governar, levando segurança ao investidor acionista.

3. Os parâmetros que contribuíram para a decisão do investidor foram os seguintes:

   › Distribuição de 30% em dividendos nos últimos quatro anos, quando o mínimo exigido pela lei das S.A. era 25%, o que gerou interesse em ganhos maiores.
   › Crescimento no valor do papel ação da empresa em 18%.
   › Adesão às práticas de Governança Corporativa, o que gera fortalecimento da bandeira da empresa, aderindo ao Novo Mercado, conforme sistemática de classificação da [B][3].

Sobre o autor

Cleverson Luiz Pereira é bacharel em Análise de Sistemas pela Pontifícia Universidade Católica do Paraná (PUCPR) e especialista em Gestão de Empresas pela Universidade Federal do Paraná (UFPR). É especialista em Investimentos pela Associação Brasileira das Entidades dos Mercados Financeiro e de Capitais (Anbima - CEA) e tem mais de 20 anos de experiência no mercado financeiro e de investimentos.

Impressão:
Março/2023